Zu diesem Buch

Es gab Zeiten, da rettete man, wenn das Haus brannte, die Bibel. Um herauszufinden, was wir heute retten sollten, hat Martin Lüdke diese kleine Literaturgeschichte «Für den SPIEGEL geschrieben». Porträts von Hermann Broch und Vladimir Nabokov, Aufsätze über Italo Calvino und Tommaso Landolfi, über Peter Handke und Wolfgang Hilbig, Philip Roth und Milan Kundera, Wolfgang Koeppen, Einar Schleef, Lars Gustafsson, Libuše Moníková, Jurek Becker u. a.

Aus diesen rund 20 Porträts entsteht ein Bild der gegenwärtigen Literatur, ihrer Trends und Tendenzen. Alle Aufsätze wurden «Für den SPIEGEL geschrieben», vom SPIEGEL honoriert, aber nicht alle wurden auch gedruckt. So läßt sich erkennen, wie es hinter den Kulissen des Literaturbetriebs zugeht. In seinem Nachwort beschreibt Lüdke, wie sich DER SPIEGEL beim Schreiben im Hinterkopf einnistet.

Martin Lüdke, geb. 1943 in Apolda (Thür.), war bis 1984 Professor für Neuere Deutsche Literatur an der Universität Frankfurt, danach arbeitete er für den Hessischen Rundfunk, seit 1990 ist er als Leiter des SWF-Literaturmagazins in Baden-Baden tätig. Mitherausgeber des Rowohlt-Literaturmagazins. Lebt in Baden-Baden und Frankfurt am Main.

Martin Lüdke

Für den SPIEGEL geschrieben

Eine kleine Literaturgeschichte

rororo

Rowohlt

Originalausgabe
Veröffentlicht im Rowohlt Taschenbuch Verlag GmbH,
Reinbek bei Hamburg, Dezember 1991

Umschlaggestaltung BÜRO Hamburg
Satz Times (Linotronic 500)
Gesamtherstellung Clausen & Bosse, Leck
Printed in Germany
980-ISBN 3 499 18898 8

Inhalt

Eigentlich hat es jeder gelesen

Vorwort

«Frei nach Hegel» überschreibt Salcia Landmann in ihrer Sammlung jüdischer Witze die folgende und eigentlich sehr traurige Geschichte: «Ein Dorfjude kommt in den Zoologischen Garten von Moskau, bewundert lange befremdet die Giraffe und erklärt schließlich mit Entschiedenheit: ‹Das kann nicht sein!›»

Ob er recht hat, dieser Mann vom Lande, ist bis heute nicht ausgemacht. In einer Art Familienkrach streiten gegenwärtig die versprengten Reste der einstmals Neuen Linken über diese Frage. Hat 1989, wie es vormals Hegel für die Französische Revolution in Anspruch nahm, die Welt verändert und damit auch die Begriffe, mit denen wir sie beschrieben haben, die Kategorien, mit denen wir sie zu begreifen suchten? Oder ist doch nur ein überlebtes, verfallenes Herrschafts- und Gesellschaftssystem durch ein anderes ersetzt worden? Wenn die Zukunft offen ist, so behauptet ein Hegel-Kritiker, dann kann die Vergangenheit nicht verschlossen sein.

Wie auch immer.

In den achtziger Jahren habe ich für den Spiegel geschrieben, in des Wortes mehrfacher Bedeutung. Genau in diesem Jahrzehnt habe ich fast alle (begrifflichen, theoretischen) Sicherheiten eingebüßt, mit denen ich noch Ende der siebziger Jahre pausbäckig auftrumpfen konnte. Ein ideologiekritisches Hämmerchen in der Seitentasche, jederzeit verfügbar, um falsches Bewußtsein frohgemut abzuklopfen. Ideologie heißt, zack, mit der Definition ließ sich gut arbeiten, gesellschaftlich notwendiges falsches Bewußtsein. Zack. Die Moderne, Bezugsrahmen und Horizont zugleich, begann, von den Rändern her, zu zerbröckeln. Und so scheinbar schlichte Sätze wie der folgende, mit dem ich, 1981, meine Besprechung von Wolfgang Koeppens Aufsätzen begann: «Es gab Zeiten, da rettete man, wenn das Haus brannte, die Bibel.» – solche schlichten Sätze, die wenigstens anklingen lassen sollten, daß Walter Benjamins Lesskow-Aufsatz über den Erzähler von der Seite her ins Zentrum der Moderne führt, die Unmöglichkeit des Fortlebens solcher Erzählung behauptet, weil wir von Informationen überflutet, aber von dem lebendigen Strom der Erfahrung abgeschnitten, solche schlichten Sätze konnte ich schon Ende der achtziger Jahre nicht mehr so umstandslos zitieren. Der Status solcher Aussagen hatte sich, erst einmal weitgehend unbemerkt, verändert.

Wie auch immer. Kurz und anders gesagt:

In den folgenden Texten, den Porträts, den Kritiken, sind allzu oft Überlegungen gerade nur angedeutet, Hinweise oft eher versteckt als kenntlich gemacht. Diese Andeutungen wollte ich kenntlich machen in meinem Nachwort, das als Abriß einer, wenn ich so sagen darf, intellektuellen Biographie, und damit (fast!) identisch, einer kleinen Literaturgeschichte, ihrer Voraussetzungen und Bedingungen, zu lesen ist. Ich habe damals, in den achtziger Jahren, noch an der Frankfurter Universität gearbeitet und, sicher nicht ohne Eitelkeit, mit gewissem Stolz registrieren können: eigentlich hat es jeder gelesen, solche Besprechungen im SPIEGEL. Anders als die teilweise wirklich bedeutenden Arbeiten so mancher Kollegen, die nach acht Jahren intensiver Arbeit eine Studie zur barocken Allegorie zwar scheinbar veröffentlicht, aber in Wirklichkeit eher der Ignoranz übereignet hatten. Der SPIEGEL-Artikel wurde wahrgenommen, das Barockbuch nicht. Ich bin selbst im Laufe der folgenden Jahre immer weiter von der Universität abgedriftet und vom Kulturbetrieb integriert worden. Dennoch möchte ich weiter, auch das läßt sich den folgenden Seiten ablesen, an einigen Essentials literarischer Kritik festhalten.

Vielleicht wird es auch in den nächsten Jahren, weil die großen, weitausgreifenden Wahrheiten immer mehr verlorengegangen sind, immer stärker aufs einzelne ankommen, nicht mehr auf *die* Moderne, sondern *das* Buch, Calvino und Landolfi, Philip Roth und

Singer, Jurek Becker und Wolfgang Koeppen – auf Autoren also, die uns auch morgen noch etwas zu sagen haben und jetzt hier vorgestellt werden.

Baden-Baden, Juni 1991

1
Die Wahrheit und der Tennisspieler

Lars Gustafsson: «Sprache und Lüge»

Ein Kaiser, der sich nackt darstellt, hat sich noch längst nicht bloßgestellt. Er kann sich nämlich, zum Beispiel, sprachlich verkleiden. Er kann zum Beispiel eine Sprachregelung vorschreiben, die von seinen Untertanen bereitwillig akzeptiert wird, weil die Konsequenzen einer Verweigerung weitaus unangenehmer sind als eine Annahme, die sich zwar nicht mit der Wirklichkeit deckt, dafür aber den psychischen und sozialen Bedürfnissen (nicht nur) von Untertanen entgegenkommt.

«Aber er hat ja nichts an!» – ruft trotzdem in Hans Christian Andersens Märchen «Des Kaisers neue Kleider» ein kleines Kind, mit einer, wie ausdrücklich betont wird, «Stimme des Unschuldigen». Das Kind entlarvt die Lüge, auf die mitsamt seinem Volk der Kaiser hereinfällt, weil keiner glauben will (und kann), was alle mit eigenen Augen sehen. Sie alle laufen, so meint Gustafsson, einer Illusion auf. Einer Selbst-Täuschung also, die schon ein Stück weit in den Zusammenhang von Sprache und Lüge hineinführt.

Die herkömmliche Deutung dieses Märchens hat sich, trostsuchend in der verruchten Welt, an die Unschuld des Kindes gehängt und auf diese Weise den Fortschrittsglauben jener Zeit noch verlängert, der von dem Märchen selbst bereits dementiert wird. Lars Gustafsson sieht hier die Quelle einer «kalten Unterwasserströmung», die schon in der ersten Hälfte des 19. Jahrhunderts «dem Optimismus des industriellen und sozialen Stromes entgegenfließt, abwechselnd lähmend und stimulierend auf die Kunst jener Epoche wirkt» und am Ende sogar «tief hinein in die Philosophie kriecht, sie aufweicht und zersetzt».

An diesem Punkt, an dem historisch die Beziehung von Sprache und Lüge wenigstens latent ins Bewußtsein tritt, an dem sich im Spiegel des Fortschritts schon die ersten blinden Flecken skeptischer Regungen zeigen, an dem das Bürgertum seine eigene Kehrseite, das verelendete Proletariat, nicht länger ignorieren kann, an diesem Punkt der beginnenden Ausdifferenzierung sozialer Systeme (Wissenschaft, Philosophie eingeschlossen) setzt die Studie von Lars Gustafsson systematisch an. Und sogleich schränkt er seine Fragestellung, fast schon rigide, ein, verbietet sich mit szientivistischer Disziplin jeden weiteren Seitenblick auf jene «kalte Unterwasserströmung», gar den Rückblick auf jenen Prozeß, in dem sich auch erst die Wissenschaftstheorie von der Philosophie abgelöst und dann zunehmend verselbständigt hat.

Man könnte hier nun, um die «Quelle» im Blickfeld zu behalten, mit Apel und Habermas etwa die verschlungenen Wege einer Konsensustheorie der Wahrheit zurückverfolgen, könnte sich auch, nostalgisch gestimmt, noch einmal am vergangenen Glanz der Evidenztheorien erfreuen, man könnte gar, modernistisch gesinnt, die Redundanztheorie favorisieren – und sich schließlich in der Vielzahl miteinander konkurrierender Ansätze schier hoffnungslos verirren.

Man kann nun aber auch die Frage stellen, ob der schwedische Romancier und Erzähler, der Logiker und Lyriker, der Sprachphilosoph Lars Gustafsson, der fast schon so viele Bücher geschrieben hat, wie er an Jahren zählt, tatsächlich ein guter Tennisspieler ist.

In der Erzählung «Die Tennisspieler» wird der Leser nämlich mit dieser Behauptung konfrontiert; auch da geht es also um die Beziehung von Sprache und Lüge, sogar weit über diese Behauptung hinaus. Gustafsson holt zum Aufschlag aus, und während der Ball «sanft mit einer Linksdrehung in den texanischen Sommerhimmel» rotiert, holen den Aufschläger ziemlich abrupt die Probleme seiner Gastprofessur in Austin/Texas wieder ein: Die gesamte Strindberg-Forschung scheint plötzlich in Frage gestellt. Strindbergs sogenannte «Inferno-Krise» rückt durch den Fund der Memoiren eines (unbekannten) polnischen Alchimisten in ein neues, völlig anderes Licht.

Gustafsson – und noch immer rotiert der Ball – möchte die damit auf ihn zukommenden Schwierigkeiten ausgerechnet mit Hilfe eines Zentralcomputers der amerikanischen Luftabwehr lösen (lassen). Denn eigentlich gilt es ja nur, diese Memoiren des Polen mit Strindbergs eigenen Ausführungen zum fraglichen Sachverhalt zu vergleichen. Das Problem bleibt freilich, mit welchen «Einheiten» man rechnen muß, was beispielsweise als «Ereignis» gelten darf, im Grunde also, «welches die bedeutungstragenden Elemente einer Sprache sind». Denn grundsätzlich, so heißt es in der Erzählung und der jetzt vorgelegten sprachphilosophischen Studie gleichermaßen, «läßt sich jede beliebige Struktur abbilden, wenn sie nur differenziert und inhaltsreich genug ist, um als Bild zu fungieren».

In der Zwischenzeit wurde es ein guter Aufschlag: «Er drehte sich vorbildlich nach links und kam irgendwo an der Kreuzung zwischen dem Korridor und der Aufschlagslinie herunter.»

Aber die Lösung des Problems bleibt trotzdem in einer «Gödelzahl» verborgen, einer zwölfstelligen Primzahl, potenziert mit einer sechzehnstelligen, die dem Leser ersichtlich so wenig weiterhilft wie dem Autor. Ähnlich verborgen bleibt auch, in der spielerisch-lockeren Art, mit der die Erzählung einherkommt, mehr an Ilie Nastase als an Björn Borg orientiert, die theoretische Pointe des Buches.

Ganz leichtgewichtig, wie auch in vielen Passagen seines großen Romanzyklus über die sechziger und siebziger Jahre («Risse in der Mauer») an Fontane erinnernd und doch an der analytischen (Sprach-) Philosophie geschult, schmuggelt Gustafsson im Plauderton auch noch die schwierigsten theoretischen Fragen jeder Erzählung unter.

Doch kann die Lektüre der neuen sprachphilosophischen Studie jetzt zeigen, daß Gustafsson selbst dort, wo er sich strikt auf die Verwendung poetischer Mittel zu beschränken scheint, immer auch ein theoretisches Interesse (mit) verfolgt. In der Erzählung «Die Tennisspieler» geht es beim Tennisspielen auch um die Frage der Abbildbarkeit von Strukturen, in dem Roman «Der Tod eines Bienenzüchters», mit dem der Zyklus «Risse in der Mauer» abschließt, geht es neben der Beschreibung resignativer Stimmungen der siebziger Jahre auch um die erkenntnistheoretische Problematik von modernen Utopie-Konzeptionen.

Und in der Habilitationsschrift, die jetzt, bescheiden als Essay ausgewiesen, auf deutsch erschienen ist, geht es angeblich nur um den «Versuch eines belletristischen Autors», «sich auf dem Umweg über drei Persönlichkeiten des 19. Jahrhunderts in den philosophischen Grundlagen seines eigenen Mediums, der Sprache, zurechtzufinden». Gustafsson greift also in die Geschichte zurück, um an den drei sprachphilosophischen Extremisten die Wurzeln eines psychologistisch begründeten Skeptizismus freizulegen.

Er befaßt sich mit Friedrich Nietzsche und expliziert dessen eher implizierte Sprachtheorie. Er beschreibt die Sprachauffassung von Fritz Mauthner, der in den letzten Jahren, von Österreich her ausstrahlend, eine ohnehin nicht recht begreifliche Renaissance erfahren hat. Und er stellt schließlich, besonders exquisit, einen auch in Fachkreisen nahezu unbekannten amerikanischen Bankdirektor namens Alexander Bryan Johnson vor, der sich nicht nur erfolgreich seinen Geschäften, sondern so ernsthaft wie erfolglos auch der Philosophie hingegeben hat.

Gustafsson betont deshalb, daß gerade im «Amateurstatus dieser drei Denker» ihre Attraktivität zu sehen ist. Auch wenn er sich, fast schon asketisch, auf die Rekonstruktion und Kritik dieser sprachphilosophischen Ansätze beschränkt, wird hier doch mehr als ein spezielles Problem für Spezialisten behandelt. Denn bei allen sonstigen, zum Teil gravierenden Unterschieden sind sich Nietzsche, Mauthner und Johnson darin einig, daß die Sprache als ein systematisch irreführendes Zeichensystem zu begreifen ist.

Dieser radikale Sprachskeptizismus weist auf die Umwälzung der gesamten gesellschaftlichen Verhältnisse zurück. Der Widerspruch zwischen der «offiziellen Sprache der Gesellschaft» und dem faktischen Handeln, den diese Denker sehr früh bemerkten, ist schließlich bis heute nicht geschlichtet. Und die sprachskeptische Gesinnung in guten Teilen unserer Gegenwartsliteratur geht noch immer auf das Mißverständnis zurück, daß für gesellschaftliche Prozesse die Sprache verantwortlich gemacht werden könne.

Die Skepsis von Nietzsche, Mauthner und Johnson richtet sich gegen die Sprache als System; alle drei beanspruchen, die logische Notwendigkeit aufzeigen zu können, «mit der jede sprachliche Information irreführend sein muß». Sie sind also davon überzeugt, daß diese Eigenschaft der Sprache, die Gustafsson «schwebende Referenz» nennt (das meint den unklaren Bezug eines Prädikatsausdrucks), nicht nur bei natürlichen Sprachen vorkommt, sondern, schlimmer noch, überhaupt alle empirischen Sätze eine solche schwebende Referenz haben müssen.

Daraus folgt nun, daß jeder sprachlichen Kommunikation zwangsläufig eine fundamentale Unsicherheit innewohnt. Weil die «öffentliche Lüge» vor allem durch «die Sprache repräsentiert» wird, die umfassendste der sozialen Übereinkünfte, weil durch die Sprache die Menschen um gesellschaftlicher Interessen willen manipuliert werden und die Sprache selbst dazu die Voraussetzungen schafft, deshalb wird, so Gustafsson, diese Sprache «in den Schriften der drei Philosophen zu einem Feind, der entlarvt und getötet werden muß».

Aber ihr Vorhaben mißlingt, trotz aller Leidenschaft, mit der es verfolgt wurde. Denn letztlich beziehen sich Nietzsche, Mauthner und Johnson gleichermaßen auf eine psychologische Sprachauffassung, die (soweit ich sehe) Gustafsson mit guten Gründen zurückweisen kann. Es besteht nämlich, so der zentrale Einwand, keine Notwendigkeit zu der Annahme, daß die sprachliche «Botschaft, die übermittelte Information, aus einem psychischen Inhalt besteht». Der sprachphilosophische Extremismus scheitere daher schon an seinem eigenen Anspruch.

Gustafsson demonstriert demgegenüber die Möglichkeiten der Überwindung jener fundamentalen Unsicherheit, die von den Sprachpessimisten der Sprache zugeschrieben wird. Und er demonstriert, ganz nebenbei, auch die Möglichkeiten, die sich einem belletristischen Autor eröffnen, der sich spielerisch-locker auf der Grenzlinie bewegt, an der sich Theorie von Poesie scheidet, skeptisch seine Mittel reflektiert und aufmerksam die gesellschaftliche Entwicklung verfolgt. Wer von «Sprache und Lüge» aus auf das belletristische Werk Gustafssons zurücksieht, wird den roten Faden bemerken, der sich von den ersten Gedichten bis zu der letzten Erzählung durchzieht: ein Erkenntnisinteresse, das sich souverän über die herkömmlichen Gattungsgrenzen hinwegsetzt.

Ich hätte mir zwar gewünscht, daß Gustafsson auf die (auch sprachtheoretischen) Probleme von Ideologiekritik eingeht, daß er bei seinem «Vorarbeiten zu einer Sinntheorie» auf die Ansätze von Habermas und Gunnar Shirbeck etwa zurückgreift. Aber auch in der vorliegenden Gestalt hat «Sprache und Lüge» meine Hoffnung bestärkt, daß die in der Erzählung «Die Tennisspieler» skizzierte Theorie des Aufschlags in einer «Gödelzahl» abbildbar ist. Wenn Gustafsson bei seinen Aufschlagübungen die damit benannte Zahl erreicht hat, dann kann zur Klärung der Frage, ob er wirklich ein guter Tennisspieler ist, auf die Evidenztheorie der Wahrheit zurückgegriffen werden.

2
Der verschwiegene Anarchist

Wolfgang Koeppen: «Die elenden Skribenten»

«Es gab Zeiten, da rettete man, wenn das Haus brannte, die Bibel.»

Wolfgang Koeppen, der das schreibt, in durchaus vorbürgerlicher Haltung, hat nicht die Bibel, sondern ein kleines schwarzes Buch aus dem Verlag von Kurt Wolff «über Fährnisse bewahrt», nämlich Franz Kafkas Fragment «Der Heizer». Schon diese Haltung läßt dunkel ahnen, weshalb in der bundesdeutschen Literaturgeschichte Koeppen als «Fall» gehandelt wird. Kurz und vorweg gesagt: Im Grunde geht es nur um die Radikalität dieses Autors, der sich dem Betrieb verweigert, mit den Konsequenzen, die das nach sich zieht, literarisch und, wenn man's nicht zu eng nimmt, auch politisch.

Koeppen sieht sich, wie es in seiner Büchner-Preisrede heißt, dem Ruf des «Hessischen Landboten» verpflichtet. Doch muß er bekennen, daß es ihm immer schwieriger wird, die Hütten und die Paläste auseinanderzuhalten. Darum hat er zu seiner Bibel gegriffen, zu Kafka, das heißt: zum Wort, zur Sprache, zur Literatur. Er will, die Absicht ist unverkennbar, wenigstens Spreng-Sätze bauen, die im gesunden Menschenverstand zünden.

So gesehen ist der «Fall Koeppen», ohnehin mehr Groteske denn Trauerspiel, als Inszenierung eines Kulturbetriebs zu betrachten, der (naturgemäß) von seinen eigenen Voraussetzungen nichts wissen darf. Die Literaturkritik hat dabei mächtig mitgespielt und ausgerechnet Koeppen zum Alibi genommen, um sich an den Konsequenzen, die (nicht nur) seine Literatur fordert, betriebsgerecht vorbeizumogeln.

Mancher Autor hat sich mit einem einzigen Werk in das kollektive Gedächtnis, wenn nicht der Menschheit, so seiner Zeitgenossen, hineingeschrieben. Koeppens Ruhm gründet immerhin auf drei Romanen: «Tauben im Gras» (1951), «Das Treibhaus» (1953) und «Der Tod in Rom» (1954). Drei Bücher, die sich mit unübertroffener Schärfe und Genauigkeit auf die Realität der jungen, aber keineswegs unschuldigen Bundesrepublik einlassen, schonungslos die Restaurationsphase dieser, unserer Gesellschaft beschreiben und, was noch erschwerend hinzukommt, sich dabei an den Mitteln der modernen Literatur orientieren, an Proust und Kafka, Joyce und Faulkner.

Zumindest «Das Treibhaus», als Schlüsselroman der Bonner Demokratie mißverstanden, hat damals Furore gemacht. Man hat Koeppen befehdet, ihm den «Schlamm», in dem er wühle, das «Morbide», sogar eine «Wollust des Ekels», Nestbeschmutzung also, vorgeworfen. Doch der eigentliche Skandal folgte erst danach: Koeppen nämlich schwieg.

Die Literatur, die sich langsam wieder zum Betrieb mauserte, hatte ihren «Fall». Und alsbald wurde der «Fall» zur Legende, Koeppens Schweigen zu einer gängigen Münze auf dem Medienmarkt. An Erklärungsversuchen fehlt es nicht. Politische und literarische, soziologische und psychologische Motive werden bemüht. Treuherzig beklagen sogar manche Kritiker, daß Koeppen, anders als Grass und Böll und sagen wir auch Lenz, nicht die Leser habe, die er verdiene. Besonders kluge Köpfe reden sich mit dem außergewöhnlichen Rang seiner späteren Reisebücher heraus. Nur die eigentliche Frage, inwieweit Koeppens «Schweigen» mit dem Anspruch zusammenhängt, den er an die Literatur stellt, kommt kaum noch auf.

«Wer etwas zu sagen hat, trete vor und schweige.» Diesen Satz von Karl Kraus zitiert Koeppen in seinem neuen Buch, das wieder einmal anstelle des seit langem erwarteten großen Romans erschienen ist. Eine Sammlung von Auftragsarbeiten: zum 200. Geburtstag von Kleist, zum 100. von Robert Walser und Jack London, zum Tode von Hemingway und zum 50. Todestag von Kafka.

Die Texte sind zwischen 1952 und 1981 entstanden und allesamt bereits publiziert. Nur ist die Summe mehr als die Addition ihrer Teile. Ein Buch ist dabei herausgekommen, das nicht nur in den Schulen zur Pflichtlektüre werden sollte, sondern auch gut in die Redaktionsstuben paßt, zur Not hinter den Spiegel gesteckt.

Denn die Liebe zur Literatur, die dieses Buch zusammenhält, sprengt die Grenzen des Literaturbegriffs, der gewöhnlich im Schwange ist, wenn von Liebe zur Literatur geredet wird.

Erst im Zusammenhang gelesen, bekommen die kleinen Glossen und Hinweise, Skizzen, Porträts und Aufsätze eine neue Qualität: die einer *anderen* Literaturgeschichte; einer Literaturgeschichte, die gleichsam von innen heraus geschrieben ist, die Literatur in einen lebendigen Zusammenhang stellt.

Die Welt wird von Koeppen aus der Perspektive der Literatur betrachtet und sieht dabei entsprechend schlecht aus. Sie wird als die «Hölle» sichtbar, die sie (geworden) ist, nicht verharmlosend lokalisiert, sondern «allgegenwärtig», draußen und drinnen, noch in jedem einzelnen.

Ein anarchischer Impuls zieht sich als roter Faden durch alle diese Texte. Selbst ein «stillwirkendes Gedicht» von Rilke erscheint hier «viel radikaler», «nihilistischer als jeder ja optimistische Aufruf» – zur Veränderung etwa. Die Literaturgeschichte, die Koeppen damit, fragmentarisch freilich, geschrieben hat, ist, einige Vorläufer eingeschlossen, die der Moderne. Koeppen beschwört die «Bruderschaft der gestürzten Engel», zu der Grimmelshausen und Kleist, Hölderlin und Shelley, Lautréamont, Rimbaud und Trakl, auch Robert Walser und Kafka, Döblin und Peter Weiss schon zählen.

Koeppens Buch über andere Bücher ist mit der spontanen Begeisterung eines Literaten geschrieben, der um die verlorene Unschuld seiner Naivität weiß und auch deshalb die Grenze zwischen theoretischer Bestimmung und intuitivem Urteil unbekümmert ignorieren kann. Koeppen lebt in der Literatur.

Der geborene Leser, für den ich mich halte, hatte das Glück, schon bevor er lesen lernte und die Kraft erwarb, nie ganz verloren zu sein, Bücher geschenkt oder geliehen zu bekommen, sie in der Hand zu wiegen, sie rundherum zu stapeln, eine Burg nicht aus Sand, und eine literarische Welt, das unermeßliche Reich der Gedanken, der Phantasie und der energischen Gefühle neben oder über der Erde der vernünftigen Leute zu ahnen.

Das ist ersichtlich keine Literaturkritik, schon gar nicht im herkömmlichen Sinne, sondern selbst Literatur, die dort, wo es um die Außenseiter und die Ausgestoßenen, die Versager und die Verlierer geht, zur Poesie wird. Und als solche dann doch zur Kritik, und zwar zur

Kritik an einer Gesellschaft, die Literatur nur noch im Scheitern erlaubt. Mit ihrem Selbstopfer zahlen die Autoren den Preis dafür.

Den «Ichbankrott» des bürgerlichen Individuums vorausgesetzt, folgt Koeppen auf den Spuren der Moderne jenen Zeichen, die auf das «Reich des Bösen» deuten, wo es «eine Freiheit» gibt. Er beschreibt die Literatur als einen Prozeß der Leidensgeschichte, aus der Sicht der Opfer, durch die Augen von Kleist und Chamisso, Hemingway und Hermann Hesse, Henry Miller und sogar Jack London. Durch ihre Augen hindurch werden ihre Bücher und durch ihre Bücher wird unsere Welt sichtbar.

Gerade dann, wenn er sich, scheinbar selbstvergessen, in die von ihm verehrten, bewunderten und geliebten Dichter hineinverliert, wird die Literatur, die daraus entsteht, realitätshaltiger als manche faktenfromm/datengeile Sozialgeschichte. Theoretische Einsichten fallen ganz beiläufig ab. Koeppen ordnet sein Material in Konstellationen an, die es in einem spekulativen Licht erscheinen lassen. Eine Entwicklungslinie wird, sukzessive, erkennbar. Seit Proust, sagt er, haben sich die Kriterien des Romans, die Gesetze der Dichtung verändert.

> Sie haben sich geändert, wie sich die Gesetze der Physik, unsere Vorstellungen von Raum und Zeit, geändert haben, und zwischen der neuen Physik und dem neuen Roman nach Proust gibt es Berührungen, die nicht berechnet, die nicht Nachahmung... sind, sondern Ausdruck eines neues Weltempfindens, eines gewandelten Daseinsgefühls, eines anderen Sehens, erweiterter Möglichkeiten des Denkens... Proust hat den Roman wieder zur reinen Poesie befreit.

Aber auch diese Befreiung hat sich als vorübergehend erwiesen. Die gegenwärtige Flut von Romanen kann über seine prekäre Begründung nicht hinwegtäuschen. Das läßt sich den «Elenden Skribenten» ablesen. Die angehäuften Gelegenheiten, die hier zwischen zwei Buchdeckeln zu finden sind, beschreiben allerdings ihre eigene Legitimation: durch die Auswahl der Gegenstände und durch die Art der Darstellung.

Was Koeppen Grimmelshausen zuschreibt, gilt ebenso für ihn: «Der war ein in die Zeit gehängtes Netz; da fingen sich Fabeln, Historien, Nachrichten, Gehörtes und Gelesenes, Schwänke, Chroniken, Skandalgeschichten, Moritaten, Bordellgespräche, Predigten, schöne oder böse Träume.» Wobei die einen, die schönen Träume, anfangs häufiger, gegen Ende zu immer mehr von den anderen, den bösen, überlagert werden.

Und ebenso gilt für ihn, was er von Lautréamont sagt: «Sicher ist es nur ein Werk für wenige, aber diese wird es bewegen, erregen, erschüttern und hinreißen.» Denn Koeppen, alles andere als elitär, schreibt nicht für das große Publikum, er schreibt gegen die Konsumkultur, für eine Literatur, in der sich die Humanität eingekapselt hat, die in den Verhältnissen, in denen wir nun mal leben, nicht mehr vorkommt.

Seine Literaturgeschichte bewegt sich, ohne ein Wort darüber zu verlieren, auf eine negative Geschichtsphilosophie zu. Koeppen steht, als einer der letzten, noch auf dem Boden der Moderne, auf jenem grandiosen Trümmerhaufen der Kultur/Geschichte, unter dem auch die Hoffnungen begraben sind, die von Baudelaire bis hin zu Beckett ohnehin einen immer verschwiegeneren Ausdruck fanden. Was bleibt: ein «elender Skribent», nicht am Erfolg, noch immer an der Wahrheit orientiert, kein «Astlochgucker», sondern ganz anachronistisch ein Dichter, ohne Tonband und Kamera.

Der Skribent sitzt zu Hause an seinem Tisch, er saugt sich's aus den Fingern, er richtet seinen Blick ins Leere oder ins Schwarze oder Helle, und sein Blick durchdringt die Türen, die Mauern, die geschlossenen Jalousien, er dringt durch die Kleidung, er dringt ins Herz, und er sieht im Herzen der Menschen die Wahrheit, die Süße und die Bitternis des Lebens, sein Geheimnis, seine Angst, seinen Schmerz, seinen Mut.

Diese Sätze, halbwegs optimistisch noch, stammen aus dem Jahr 1952. Die Welt ist seitdem nicht besser, für die Literatur ist es schwieriger geworden. Schon 1962, in seiner Dankesrede für den Büchner-Preis, spricht Koeppen von neueren Aussichten, nämlich von dem «letzten Tornado, der alles begräbt».

Sicher wird es Leute geben, die, wenn's wieder brennt, ihren Koeppen retten, wohl wissend, daß dieser spätbürgerliche Akt vorbürgerliche Züge hat.

3
Einfach raffiniert

Philip Roth: «Zuckermans Befreiung»

Der zeigt's euch. Dachte ich. Endlich mal einer, der noch richtig erzählen kann, lebensnah und handfest. Doch dann fiel mir die Geschichte von dem Schatzgräber wieder ein, dessen Erfolg an eine einfache Bedingung geknüpft ist: Er darf, solange er gräbt, nicht an einen Bären denken.

Mein Dilemma. Dabei schien alles so einfach. Philip Roth selber hat doch die Rezepte zur Besprechung seines neuen Romans gleich mitgeliefert. Zum Beispiel:

> Ich bin ein Bewunderer, Zuckerman. Ich bin jemand, der Ihre Karriere schon seit Jahren verfolgt. Ich habe lange darauf gewartet, daß Sie beim Publikum groß ankommen. Ich wußte, daß es eines Tages soweit sein würde. Es mußte so kommen. Sie haben echtes Talent. Sie stellen alles so lebendig dar. Obzwar ich, offen gesagt, dieses Buch nicht für Ihr bestes halte.
>
> Ach wirklich?
>
> Nur zu, schmähen Sie mich, aber das Buch hat keinen Tiefgang. Brillanz – ja, Tiefgang – nein. Es ist etwas, das Sie schreiben mußten, um einen neuen Anfang zu machen.

Die Rede ist da von «Carnovsky», dem jüngsten Buch Nathan Zuckermans, das – Beichte und Abrechnung zugleich – seit einigen Wochen die (nicht nur literarische) Öffentlichkeit beschäftigt. «Carnovsky» ist eine schonungslose Abrechnung mit der kleinbürgerlich/verklemmten, jüdisch/ambitionierten Herkunft des Autors. Eine befreiende Beschreibung seiner, vor allem, sexuellen Schwierigkeiten und Wünsche. Das Buch ist womöglich obszön, was immer das auch heißen mag, auf jeden Fall ist es gekonnt, witzig und zugleich unterhaltsam. Kurzum: ein Riesenerfolg, der entsprechend in allen Medien ausgeschlachtet wird.

Zuckermans «Carnovsky» entspricht nun bis in die kleinsten Details hinein Philip Roths eigenem Erfolgsbuch «Portnoys Beschwerden», einem, wie der deutsche Klappentext plakativ verkündet, «Welterfolg».

Der Gesprächspartner Zuckermans, kritisch noch in der Bewunderung, hat somit den wunden Punkt getroffen. Zuckerman knallt denn auch, verärgert, den Hörer auf. Erfolg hat, muß er jetzt auf Schritt und Tritt feststellen, seine Schattenseiten. Der kleine jüdische Bengel aus Newark, der (in Roths Roman «Der Ghost Writer» nachzulesen) ein paar schöne Geschichten in diversen Magazinen veröffentlicht, der seine eigene, also jüdische Lebensgeschichte mit der Leidensgeschichte von Anne Frank verschmolzen hat, dieser zwar begabte, aber noch erfolglose junge Autor, der bei E. I. Lonoff, seinem großen Vorbild, am Kamin sitzt, über Kafka und Tschechow spricht und von seinem eigenen großen Erfolg träumt, dieser Zuckerman und der Autor des «Carnovsky» sind nicht mehr unter einen Hut zu bringen.

Der Erfolg verändert das Leben. Ob im Bus, auf der Fahrt durch Manhattan, zu seinem Anlageberater, ob in einem Beerdigungsinstitut, auf der Flucht vor zudringlichen Bewunderern, ob in einem Schnellimbiß – überall wird Zuckerman erkannt und behelligt. Selbst am Telephon. Schon von daher wird die Verärgerung des Autors verständlich.

Hinzu kommt noch, in diesem Fall, daß der Anrufer, über seine kritische Anteilnahme hinaus, ein recht eigenartiges Interesse mit Zuckermans Erfolg verbindet. Er versucht, ganz schlicht, den Autor zu erpressen, und kann bereits, wohl präpariert, mit detaillierten Angaben über die Lebensgewohnheiten von Zuckermans Mutter aufwarten.

So kommt nicht nur einiges von dem sozialen Klima der späten sechziger Jahre, Vietnam, die Ermordung Robert Kennedys und Martin Luther Kings, also von der eruptiven Gewalt der amerikanischen Gesellschaft zum Ausdruck, so kommt auch, wie immer bei Philip Roth, die Familie ins Spiel: Seine Herkunft aus dem jüdischen Kleinbürgertum der amerikanischen Ostküste; die durchaus puritanische Strenge dieses Milieus; die Zwänge, die es vermittelt, und daraus folgend die Schuldgefühle, mit denen alle Rothschen Figuren, ob sie Portnoy, Kepesh oder jetzt Zuckerman heißen, fortwährend zu schaffen haben.

Alle diese Figuren sind, wie ihr Autor, 1933 geboren, alle in Newark im Staate New Jersey, alle sind jüdischer Herkunft und alle, ob der Vater Fußpfleger, Hotelier, Versicherungsvertreter oder Orthopäde ist, reiben sich an den konventionellen Erwartungen ihrer Eltern auf. «Er war gefesselt, ich sollte fliegen» – so beschreibt Portnoy (= Carnovsky) die Vorstellungen seines Vaters. Und alle diese Figuren haben sich stets auch aufgemacht, um zu fliegen, und sind doch immer nur auf den Bauch gefallen.

«Portnoys Beschwerden», dieser groß angelegte und weit ausholende Monolog auf der Couch des Psychoanalytikers, diese so masochistische wie exhibitionistische Beichte, ist Roths eigener Versuch einer Befreiung gewesen. Ein gescheiterter Versuch, wie der Autor jetzt zu erkennen gibt. Denn Literatur und Leben sind zweierlei.

Abgesehen nur von der überaus bissigen und seinerzeit vorausschauenden Satire «Unsere Gang. Die Story von Trick E. Dixon und den Seinen» (die wenig später von der Story Richard M. Nixons und den Seinen weit überholt wurde) kreisen alle Bücher Roths um das wohl bekannte Verhältnis von Kunst und Leben.

Im «Professor der Begierde», seinem bislang wohl besten Buch, korrigiert David Kepesh, ein junger Literaturwissenschaftler, einmal eine Examensarbeit über Anton Tschechow. «Nicht weil sie Glücklichsein garantiert, sondern weil sie notwendig ist, ist die Suche nach menschlicher Nähe eines von Tschechows immer wiederkehrenden Themen», heißt es darin. Notwendig, notiert Kepesh an den Rand, «zum Überleben». Damit ist ein Leitmotiv nicht nur dieses Romans bezeichnet. Denn die Begierde (desire), die Kepesh antreibt, ein Wünschen, ein Verlangen, eine Sehnsucht, ist ebenso Alex Portnoy und Nathan Zuckerman eigen.

Sie alle versuchen vorerst die sexuelle Befriedigung und darin: Nähe, letztlich Glück. Sie wollen das Glück, das allenfalls momentan aufscheint, auf Dauer stellen. Alle diese Figuren sind in ihrem Leben an einem Bild des Glücks orientiert, das sie erst aus der Literatur bezogen haben und das sie, weil es sich im Leben nicht einlösen läßt, wieder an die Literatur zurückverweist.

Wenn man will, ein alter Hut. Und doch ein seltsam vertracktes Spiel, das Roth, den Tiefgang noch dahingestellt, mit Brillanz inszeniert. Die Literatur bleibt nämlich keineswegs folgenlos. Davon weiß der arme Nathan Zuckerman, schon im «Ghost Writer» und mehr noch hier, wo der Erfolg erschwerend dazukommt, sein Lied zu singen. «Die Leute verwechselten», klagt er des öfteren, «Charakterdarstellung mit persönlichen Bekenntnissen, und ihre Zurufe galten jemandem, den es nur im Buch», und eben nicht im Leben, «gab».

Roth nutzt freilich dieses Mißverständnis, um sein Spiel mit der Fiktion auf die Spitze zu treiben. Die Realität, die er immer einfallsreich, witzig, treffend und zuweilen drastisch beschreibt, wird selbst als Fiktion durchsichtig: als (mehr oder weniger schöner) Schein, der prinzipiell nicht mehr von dem Schein zu unterscheiden ist, für den die Literatur einsteht.

Das Unmögliche wird plötzlich wirklich: Anne Frank etwa hat auf wundersame, doch erklärbare Weise das KZ überlebt («Der Ghost Writer»), und Fidel Castro hat Nathan Zuckerman den irischen Film-&-Sex-Star Caesara O'Shea wieder aus dem Bett geholt. Aber das Wirkliche wird zugleich so unmöglich, wie es tatsächlich ist. Um Einfälle war Philip Roth noch nie verlegen.

Auf diese Weise lernen wir gleich zu Beginn des neuen Romans Alvin Pepler kennen. Auch er ein Jude, ebenfalls aus Newark. Eine gleichermaßen komische wie tragische Gestalt. Pepler, Ex-Marineinfanterist, war nach seiner Rückkehr aus dem Korea-Krieg für kurze Zeit in den Blickpunkt der amerikanischen Öffentlichkeit geraten: als Star jener Fernseh-Quiz-Sendungen, die seinerzeit die ganze Nation mächtig entzückt haben. Mit einem «photographischen» Gedächtnis ausgestattet, wußte er tatsächlich die Antworten und wurde nur, meint er, weil er Jude war, abserviert.

Bekanntlich spielte man in jenen Sendungen ohnehin mit gezinkten Karten. Irgendwann kam es zu dem entsprechenden Skandal. Pepler, unschuldig, wie er wortreich beteuert, durfte als Sündenbock herhalten. Seitdem war er «erledigt». So steht jetzt in einer New Yorker Imbißstube der Versager aus Newark seinem erfolgreichen Landsmann gegenüber: eine ziemlich groteske Konstellation, die Roth mit aberwitzig-präzisen Beschreibungen, trefflichen Dialogen auch weidlich ausnutzt.

Wie schon gesagt: ein Erzähler, handfest und lebensnah. Dabei mitnichten naiv, sondern äußerst gewitzt: denn Roth hat nicht nur das Rezept, sondern die Besprechung gleich mitgeliefert. Alvin Pepler hat sie geschrieben. «Erzählende Literatur», heißt es da, sei «keine Autobiographie», wiewohl sie im Autobiographischen, nämlich in der «Erfahrung» wurzele.

Was uns deutschen Lesern erstaunlich erscheinen mag, Amerika macht's offenbar möglich: den richtigen Erzähler, der, auf seine Erfahrungen gestützt, ins volle Leben greift. Da jubelt der kluge Kopf, hinter dem der gesunde Menschenverstand steckt. Zwar nur Importware, aber immerhin.

An diesem Punkt, den Schatz schon greifbar vor Augen, war ich in meinen Überlegungen angelangt, als mir der eingangs erwähnte Bär dazwischenkam.

Ist, fragte ich mich dann, Roth tatsächlich ein Autor, der sich durch die ganze Literaturgeschichte durchgelesen hat, um doch nur wie die Altvorderen dröhnend weiter zu erzählen? Ist also die Feststellung des Erpressers – «Brillanz – ja, Tiefgang – nein» – tatsächlich berechtigt? Geht es Roth wirklich nur um die problematische Identität des amerikanischen Juden?

Der Bär war da. Der Schatz war weg. Und die so handfeste Erzählung erschien mir plötzlich als ein einziger grandioser Trümmerhaufen. Die perfekte Fiktion. Einfach raffiniert. Ist Philip Roth womöglich doch ein realistischer Erzähler? Nicht nur der Erpresser, wenn's überhaupt einer war, wäre damit widerlegt.

4 Ein starker Abgang?

Jurek Becker: «Aller Welt Freund»

Wenn Zufall und Notwendigkeit zusammentreffen, wenn sich, gar zum Nulltarif, die Gelegenheit bietet, das Realitätsgefühl der jüngeren Generation zu ergründen, und sei es nur unverbindlich/kontemplativ, auf einem stillen Örtchen gegenwärtiger Gebrauchspoesie, auf einer Universitätstoilette, dann mag das als Glücksfall erscheinen, wiewohl die Aussichten ziemlich trübe sind.

Da finden sich nämlich, neben naturgemäß eindeutigen Absichten, auch viele und eher zweideutige Einsichten beschrieben: Variationen des Achternbuschschen Leitmotivs «Du hast zwar keine Chance, aber nutze sie», oder so radikal verkürzte wie präzise Gegenwartsanalysen «Alles Scheiße, Deine Emma!» – da findet sich also, kurz gesagt, jene Haltung dokumentiert, die auch dem 30jährigen Kilian eigen ist, einem unauffällig/cleveren Nachrichtenredakteur, der nicht eben überschwenglich meint: «Solange ich nicht tot bin, muß ich versuchen zu leben.»

Im Grunde ist eh alles wurscht. Denn: «Sehen Sie sich die Nachrichten der letzten Jahre an» – und Sie bekommen genau den richtigen Eindruck, aber ein völlig falsches Bild des neuen Romans von Jurek Becker.

Ein DDR-Autor, der in West-Berlin lebt, gerade Stadtschreiber in Bergen-Enkheim geworden ist, der wie viele seiner Kollegen aus dem Osten kam, sich aber im Westen keineswegs so heimisch fühlt, wie es hierzulande den Opfern sozialistischer Kulturpolitik (gern) abgekauft wird.

Beckers Buch, vermutlich hier, im Westen, geschrieben, spielt denn auch in einer Art Niemandsland, gleichsam auf dem schmalen Streifen, der die beiden deutschen Staaten voneinander trennt, bzw. genauer gesagt: der sie miteinander verbindet. Aber was sage ich: Beckers Buch? Ich fürchte, da ist, weitere Lesarten beiseite gelassen, mindestens von zwei Büchern zu sprechen. Einmal von der mehr tragikomischen, durch und durch privaten Geschichte des jungen Kilian, der sich eines Tages entschlossen hat, nicht länger mitzuspielen, und nun, seine Vermieterin dürfte bereits im Flugzeug sitzen, eine günstige Gelegenheit sieht, die Fenster abzudichten, den Gashahn aufzudrehen und sich um die Ecke zu bringen.

Man kann es als frühe Midlife Crisis auffassen. Man kann von einem Motivationsdefizit sprechen. Man kann es schlicht Sinn-Krise nennen. Kilian schert sich nicht um Erklärungen. Für ihn ist «Die Sache», wie er sein Vorhaben bescheiden nennt, so schon schwierig genug. Wer weiß denn auch mit dreißig Jahren noch etwas über das Gewicht des Gases. Doch nicht an seiner Unkenntnis scheitert der Versuch, sondern, durchaus plausibel, an dichtem Nebel.

So klagt er zu Recht: «Schritt für Schritt bringt sich die Scheißmenschheit um, nach dem schlauesten System, das je ersonnen wurde, doch wenn einer Die Sache für sich selbst erledigen möchte, auf eigene Rechnung sozusagen und vorneweg, dann werden ihm die größten Steine in den Weg gelegt.» So ist es. Darum liegt jetzt der arme Kilian, mit gebrochenem Arm, aber ungebrochenem Mißmut im Krankenhaus und darf sich nicht nur mit dem Chefarzt und den Schwestern, sondern auch wieder mit seiner Zukunft auseinandersetzen. Grund genug, sarkastisch zu werden.

Überhaupt ist dieser Kilian ein recht intelligenter, zum Rationalismus neigender Zeitgenosse, mit leicht zynischem Einschlag und jener spitzen Zunge ausgestattet, die, weiter südlich und global, Berliner Schnauze heißt. Erschüttern kann ihn nichts mehr. Zu fürchten hat er allenfalls das Leben. Wenn ihm seine Freundin, wohlgemerkt erst nach Der Sache, den Laufpaß gibt, wenn ihm, Der Sache wegen, das Zimmer gekündigt wird – mit einem Achselzucken setzt er sich darüber hinweg.

Er sucht keinen Schuldigen. Er wehrt jegliches Mitleid ab. Er entzieht sich jedem Erklärungsversuch. Die Psychologie greift in seinem Falle nicht: «Je länger ich nachdachte, um so unsinniger kam mir die

Hoffnung vor, ausgerechnet ein Psychoanalytiker könnte das aus der Welt schaffen, was mir Sorgen machte. Nicht ich hätte behandelt werden müssen, sondern eine Menge anderer Leute, vor mir brauchte sich keiner zu fürchten. Sogar wenn er bei mir Erfolg gehabt hätte, wäre nichts gebessert worden: ich möchte nicht, daß man mir eine Angst ausredet, die tausendfach begründet ist.»

Es gibt für Kilian keinen Grund, sich umzubringen. Wenn überhaupt noch an etwas, dann glaubt Kilian an eine «Verschwörung».

Hier beginnt, gleich auf den ersten Seiten, das zweite Buch: die politische Geschichte des jungen Kilian. Die gleiche Story. Das üblich/leidig/leidliche Verhältnis zur Freundin, keine Schwierigkeiten im Umgang mit der Vermieterin, eine unproblematische Beziehung zu seiner (überaus jungen und ausgesprochen flippigen) Mutter, freundschaftliches Verständnis mit seinem Zwillingsbruder, schließlich ein Job, als Nachrichtenredakteur, der auch seine angenehmen Seiten hat. Rundum keine Probleme.

Für Kilian stellt sich nicht die Frage, warum er sich umbringen soll. Er fragt sich, umgekehrt, warum er weiterleben soll. Eine überzeugende Antwort kann er nicht finden. Deshalb wird die private Geschichte zur politischen.

Der Autor sucht zwar, zuweilen sichtlich angestrengt, unmittelbar politische Anspielungen zu vermeiden. Nur selten rutschen ihm Hinweise auf (s)eine DDR-Vergangenheit durch: Wer hierzulande in einem Krankenhaus die Vorschriften mißachtet, muß sicher mit einem Anpfiff, nicht aber wie in der DDR gleich mit einer «Diskussion» rechnen.

Vermutlich hat sich Becker darum bemüht, sein neues Buch auch für seinen alten Verlag (Hinstorff in Rostock) akzeptabel zu machen, nur wird sich das, fürchte ich, als vergebliche Mühe erweisen. Denn dort, wo die mangelnde «Zuversicht» privater Lebensperspektive mit den administrativ vorgegebenen Ansprüchen sozialistisch-kollektiver Lebensplanung kollidiert, wird der Aussteiger zu einer Provokation. «Null-Bock», bei uns in die Subkultur abgedrängt und damit auch aus dem (gesellschafts-)politischen Bewußtsein verdrängt, bleibt in der DDR ein Politikum.

Gleichwohl will sich Becker nicht festlegen lassen. Der Roman, ohnehin mehr Erzählung, spielt mit einer – sicher kalkulierten – Ungenauigkeit auf dem (sch)mächtigen Stückchen deutsch/deutscher Gemeinsamkeiten. Wo Bedingungen zu nennen wären, taucht jene ominöse «Verschwörung» auf. Der Roman vermittelt aber immerhin ein Stimmungsbild (und damit vielleicht auch ein Bild dieses Autors, der nach wie vor zwischen den Stühlen sitzt).

Das diffuse Unbehagen, das dem Helden zu schaffen macht, wird von dessen Bruder auf die Formel gebracht: «keine Zuversicht mehr». Er befürchtet, daß Kilian «einer von diesen kalten Hunden zu werden» versucht. Doch auch er kann ihm da so wenig helfen wie Freundin, Mutter und am Ende noch sein Chefredakteur, der ihn, wohlmeinend wie alle anderen, in die Sportredaktion (zurück-)versetzt und ihm damit die Hoffnung gibt, beispielsweise an den Boxkämpfen wieder die kleinen Freuden entwickeln zu können, die das Leben nicht gerade lebenswert, aber vielleicht erträglich machen.

Da steckt, auf Erfahrung gegründet, Resignation dahinter. Da läßt sich eine Entwicklung ausmachen, die für DDR-Autoren geradezu beispielhaft ist. Heiner Müller etwa hat sein frühes Aufbau-Pathos Zug um Zug zurückgenommen und stellt eine geschichtsphilosophische Verzweiflung aus, die auch bundesdeutsche Endzeit-Stimmungen gut abdecken kann. Becker kommt, auf gänzlich anderen Wegen, zur nämlichen Einsicht. Was in seinem Roman «Der Boxer» (1976) ansatzweise, was in den «Schlaflosen Tagen» (1978) deutlich erkennbar wurde, die – für einen Sozialisten – aparte Neigung, politisch/soziale Konflikte (wieder) zu privatisieren, kann sich in «Aller Welt Freund» ungehemmt entfalten.

Der Rückzug in die vermeintliche Privatsphäre ist zu einem Kennzeichen neuer DDR- und DDR-Exil-Literatur geworden. Allerweltsfreund Kilian liefert die Begründung: «Ich tue so, als wäre mit dem Hinüberwechseln zum Sport die Sache erledigt... Ich habe Zweifel an dieser Methode. Die Lumpen machen ja überall weiter, auch wenn ich tausendmal beim Sport bin... Einmal hat mir jemand, mit dem ich über Strategie und Taktik stritt, geraten, ich sollte lieber, anstatt zu jammern, etwas tun und in die Partei meiner Wünsche eintreten. Ganz abgesehen davon, daß ich die nicht kenne – ich habe geantwortet, ich brauchte eine Partei von zwei Milliarden Mitgliedern... Ich habe ihn gefragt, ob er den Versuch, zwei Milliarden Leute zusammenzutrommeln, für aussichtsreich halte.»

Also Resignation auf der ganzen Linie. Anders gesagt: «Alles Scheiße, Deine Emma!» Es sind schon trübe Aussichten, die sich da eröffnen. Aber im Unterschied zu der bei uns üblichen Larmoyanz pinselt Becker die dunkle Perspektive mit schwarzem Humor geradezu lustvoll aus. Schon der ernsthafte Selbstmordversuch gerät zu einer höchst komischen Angelegenheit. Immer wieder entspringen aus der tragischen Geschichte, spitzzüngig und leichtfüßig, launige Episoden. Der Bericht des (Ich-)Erzählers ist in einem durchgängig flapsig/schnoddrigen Tonfall gehalten; nur durch die Distanz scheint Betroffenheit durch.

Wie in seinen beiden ersten (und großartigen) Romanen «Jakob der Lügner» und «Irreführung der Behörden» demonstriert Becker, streckenweise, sein Vermögen, leicht und locker, bitter und humorig zugleich, eine Welt zu beschreiben, die «vom «Nordpol bis Feuerland» und bei aller Ernsthaftigkeit nicht mehr ernst genommen werden kann.

Die Gründe mögen im dunkeln bleiben, dafür blitzen die Einfälle auf. So endet das Buch, wie es begonnen hat, mit einer Pointe. Ein starker Abgang?

«Aber es gibt die seltsamsten Zufälle. So bin ich zum Beispiel einmal an eine Bushaltestelle gekommen, an der eine junge Frau stand, die ich für Gretchen Kosanke hielt, für ein Mädchen aus meiner Klasse, das ich seit der Schulzeit nicht mehr gesehen hatte. Ich trete also auf sie zu und will sie ansprechen, da sehe ich aus der Nähe, daß sie es überhaupt nicht ist. Minuten später kommt der Bus, und wer steigt aus? Gretchen Kosanke.»

Die Moral dieser Geschichte liegt auf der Hand: Man muß es halt nehmen, wie es kommt. In jener eingangs erwähnten Universitätstoilette ist nicht nur die Resignation der heutigen Jugend eingeschrieben, sondern auch der wahre Trost: «Herr Ober, was macht denn die Fliege in meiner Suppe? – Sieht nach Brustschwimmen aus!»

5 Ewig im Exil

Isaac B. Singer: «Verloren in Amerika»

Warschau. Irgendwann zu Beginn der dreißiger Jahre. Irgendwo in der Gegend zwischen Krochmalna und Smoczastraße. Das Schtetl. Die kleinen Geschäfte der jüdischen Krämer, Obst- und Gemüsestände mitten auf der Straße, noch immer waren Pferdefuhrwerke unterwegs, darunter vielleicht auch Reb Ascher, der Milchmann, ein Gewusel und Gewimmel, Bettler, fliegende Händler, ab und an noch Wasserträger, kleine Kinder mit ihren Schiebermützen, ganze Familien, die ihre selbstgebackenen Bejgels feilboten, überall die alten Juden mit ihren langen grauen Bärten, den Schläfenlocken, den langen, schwarzen Kaftanen, und dazwischen schon die jungen, emanzipierten, westeuropäisch gekleideten Juden, von neuen Ideen beseelt, von anderen Hoffnungen getragen. Dazwischen auch der junge Isaac Bashevis Singer, der sich als Korrektor in einer Druckerei durchschlug, schon im Warschauer Literaturclub verkehrte, der Schriftsteller werden wollte, jiddischer Schriftsteller, der an seinem ersten Buch «Satan in Goraj» schrieb, aber bereits in New York, im Exil, angekommen war, als dieses Buch in Warschau erschien. Aber Juden sind ja immer und überall im Exil.

Noch gab es die alte Welt des Ostjudentums. Das jiddische Schtetl, das sich über Jahrhunderte nahezu unverändert erhalten hatte, es löste sich erst langsam, doch dann zunehmend schneller auf, von innen wie von außen her. Die Geschichte griff nach dieser geschichtslosen Welt. In «ihrem Innersten spürten die polnischen Juden», mystischer Tradition seit jeher vertraut, den bald bevorstehenden «Untergang»;

genauer gesagt: ihre Ausrottung, durch uns, die Deutschen. Sie ahnten aber ebenso, daß das Band bereits zerrissen war, das sie, über die Jahrhunderte hinweg, zusammengehalten hatte. Eine «ungeheuere Sehnsucht nach Weltlichkeit» hatte sie ergriffen. Sie hatten «es satt, zu warten» – «bis der Messias kommt», elend, dafür fromm zu leben, geduldig zu leiden, im Vertrauen auf ‹die Macht des Seufzens›. Neue Hoffnungsträger, zwischen Zionismus und Sozialismus, zogen herauf. Und doch blieben die Juden, die sie nicht mehr sein wollten, immer noch – Juden.

Irgendwo mittendrin in seinen Erinnerungen an diese Zeit, an diese erschreckend/schreckliche, aber auch faszinierende Welt, die von Armut, Elend und Leiden geprägt, die von Demut, Güte und Liebe durchdrungen war, spricht Singer, fast nebenher, vom Tod seines Vaters: «Auch mein Vater war zu dieser Zeit gestorben. Und obwohl seit dieser Zeit über vierzig Jahre vergangen sind, ist es mir unmöglich, über diesen Verlust im einzelnen zu sprechen. Ich kann nur sagen, daß er wie ein Heiliger gelebt hat und wie ein Heiliger gestorben ist, gesegnet mit dem Glauben an Gott, Seine Gnade und Seine Vorsehung. Daß ich diesen Glauben nicht besitze, das ist die Geschichte, die ich hier erzählen will.»

In dem ‹Bilderbuch einer Kindheit›, das unter dem Titel «Mein Vater, der Rabbi» (übrigens in diesem Frühjahr als Taschenbuch: rororo 5035) erschienen ist, hat Singer, schlicht und eindringlich, seinem Vater und dessen Welt ein Denkmal gesetzt. Mir scheint überhaupt, als wäre das Bild des Vaters, das Singer offenbar stets vor Augen hat, die Kraftquelle seines Schreibens geworden. Zeitlebens war ihm diese Gestalt, der weise und fromme, selbstlos genügsame, aber auch strenge Rabbi, ein Vorbild und Vorwurf zugleich. Dieser Vater verkörperte das Bild des chassidischen und damit auch ein Stück des ewigen Juden, ein Stück der Leidensfähigkeit dieses Volkes und seiner grundlosen Hoffnung. «Nur um der Hoffnungslosen willen ist uns die Hoffnung gegeben», meinte – deshalb – Walter Benjamin. Singer hat früh schon seinen Glauben gegen den Zweifel eingetauscht, und doch ist er – eine Paradoxie jüdischer Identität – im Zweifel diesem Glauben treugeblieben, nicht fromm, doch Jude.

Singer, der am 19. April 1935, einen Tag vor ‹des Führers Geburtstag›, Warschau für immer verließ, mit der Deutschen Reichsbahn das ‹Tausendjährige Reich› durchquerte, von Frankreich aus mit dem

Schiff nach New York gelangte und seither dort lebt, schreibt nach wie vor jiddisch, die, für ihn, reichste aller Sprachen. So sind die (amerikanischen) Originalausgaben immer schon Übersetzungen, ein Dokument des Verlustes. Auch im Fall der Autobiographie: 1976 erschien der erste Teil, «Ein kleiner Junge auf der Suche nach Gott», 1978 «Ein junger Mann auf der Suche nach Liebe» und schließlich 1981, wie jetzt der Titel der deutschen Ausgabe lautet, in der die drei Bände vereinigt sind, «Verloren in Amerika». Mit diesen Titeln sind nicht nur die verschränkten Leitmotive der autobiographischen Erzählung benannt, Gott & Glauben, Liebe & Sex & das ewige Exil, der Weg vom frommen zum emanzipierten Juden beschreibt zugleich den (Ab-)Grund der Verlorenheit, nicht nur in Amerika, und damit auch mehr als (nur) ein jüdisches Schicksal. Singer schrieb (und schreibt) nach wie vor «über Geister, Dämonen, Kabbalisten und Dibbuks» und er schrieb (und schreibt) sich dabei immer tiefer in die Verlorenheit, den Zwiespalt, hinein: «Viele jiddische Schriftsteller hatten sich von ihren jüdischen Wurzeln losgerissen und von den Säften, von denen sie sich genährt hatten. Sie sehnten sich danach, ein für allemal vom Ghetto und seiner Kultur befreit zu sein – einige als Zionisten, andere als Radikale. Beide Gruppen predigten Weltlichkeit. Aber ich blieb geistig tief verwurzelt im Mittelalter, so sagte man mir jedenfalls. Ich suchte in meiner Arbeit Erinnerung und Gefühle wachzuhalten, die die weltlichen Leser vergessen wollten und tatsächlich schon vergessen hatten. Andererseits war ich für die frommen Juden ein Ketzer und Gotteslästerer.» Zwischen seinen (vor allem: sexuellen) Bedürfnissen und Leidenschaften, zwischen seinem sündigen Leben und seinem Verlangen nach Glauben hin und her gerissen, sucht der junge Singer in den Frauen die Liebe – und findet allenfalls Befriedigung, sucht er in der Philosophie die Antworten – und findet allenfalls neue Fragen. Er hat sich mit Leibniz und immer wieder mit Spinoza beschäftigt, er hat sich mit Kant regelrecht herumgequält, hat sich im Wörterbuch seines Bruders Wort für Wort die Erklärungen zusammengesucht und hat doch «gleichzeitig» immer denken müssen: «Was hilft es der aufgefressenen Maus oder dem aufgegessenen Lamm, ob der Satz ‹sieben und fünf ist zwölf› analytisch oder synthetisch ist? Heute weiß ich», schreibt er weiter, «daß die ganze Kantsche Philosophie auf dieser Frage beruht, aber für mich ist das Leiden von Mensch und Tier immer noch das Problem aller Probleme.» Diese

Frage nach der Maus im Zusammenhang mit dem Problem synthetischer Urteile a priori deutet nicht etwa auf die Ignoranz des philosophischen Laien, der seine Erwartungen zu hoch, besser gesagt: zu tief gespannt hat. Im Gegenteil: diese Frage weist zurück auf eine Grunderfahrung des Judentums, auf die eigene Leidensgeschichte. Es waren denn auch Juden, die die Erfahrung des Leidens in die Philosophie ‹eingebracht› haben. Und unter den großen Philosophen dieses Jahrhunderts waren es wiederum Juden, die – mit Benjamin angefangen, über Horkheimer, Adorno, Marcuse und Bloch – von der gleichen Fragestellung ausgegangen sind und ihre Vorstellung einer ‹befreiten Gesellschaft› (der Zukunft) an die Aufhebung, die Erlösung, auch des Leidens (der Vergangenheit) gebunden haben. Singer, alles andere als ein Philosoph im akademischen Verständnis, ist Erzähler geworden und Erzähler geblieben. Aber die Kraft seiner Erzählungen, ich möchte sagen: ihre Würde, entspringt der Erfahrung des Leidens. Er erzählt geradezu hoffnungslos konventionell, mit den schlichtesten Mitteln, «über Menschen und Dinge, die er kennt», anschaulich und eindringlich, weil er von einer Welt erzählt, die es nicht mehr gibt. Mit dieser Welt ist mehr als nur eine Kultur untergegangen; mehr als nur eine Sprache (die Juden selber haben das Jiddische als «Jargon» abgewertet). Nämlich, um auch dieses große Wort zu bemühen, ein Stück Humanität. Die chassidischen Juden, die in den Ghettos der Städte, auf den Dörfern zwischen Bilgoraj und Radzymin, Lemberg und Czernowitz, Wilna und Warschau lebten, die an Gottes Wort glaubten und ihr Leben an Seinem Gesetz ausgerichtet hatten, dieses Volk, dem die Weisheit mehr galt als der Reichtum, stand (geschichtsbewußt) außerhalb der Geschichte. Das ist die Perspektive, die Singers Erzählungen eröffnet. So beschreibt er einmal, wie der Sohn armer polnischer Juden, der als Kind bereits nach Amerika ausgewandert und dort reich geworden war, überraschend als Besucher in seine Heimat zurückkommt. Er hatte in den ganzen Jahren seinen Eltern regelmäßig Geld geschickt. Er hat jetzt noch einmal viel Geld mitgebracht und große Pläne für das kleine Dorf geschmiedet. Doch muß er nun feststellen, daß seine Eltern mit dem ganzen Geld, das er ihnen geschickt hatte, nichts anzufangen wußten. Sie hatten zwar wenig, doch an dem, was sie hatten, genug. Gerührt, vor allem beschämt gesteht sich der Besucher aus dem fernen Amerika seinen Irrtum ein.

Solche Geschichten wollen (weiß Gott) nicht die Armut und das Elend verklären, aber, erinnernd, die Demut beschwören. Die Juden, die uns aus den Büchern von Singer (oder, sagen wir, Joseph Roth, «Hiob», oder der kürzlich neu aufgelegten Autobiographie Alexander Granachs, «Da geht ein Mensch», Weisman Verlag, München, 1982) entgegentreten, Gelehrte und Gauner, Handwerker, Handlanger und Huren, Fuhrknechte und Zauberkünstler, haben nur in den seltensten Fällen wie Heilige gelebt und sind gleichwohl zu Zeugen einer, fürchte ich, vergangenen Utopie geworden. Juden sind eben immer auf Geschichte verwiesen. Der Zwiespalt, der sich darin auftut, wurde zum Merkmal ihrer Identität (auch noch des emanzipierten Juden). Der Jude weiß, daß er – ob er es will oder nicht – einer Minderheit zugerechnet wird, die sich selbst – wie immer auch gedemütigt und geschunden, vertrieben und von der Vernichtung bedroht – als auserwähltes Volk begriffen hat. Dieses Volk hat dabei Techniken des Überlebens entwickelt, die auf der Kraft des Schwächeren beruhen, einer Mischung von Hochmut und Demut, und die darum das Überleben auch immer wieder gefährdet haben. Mit dem Bewußtsein, daß jeder (selbsternannte) Erlöser, von den antiken Imperatoren bis zu den neuzeitlichen Imperialisten, bislang ein falscher war, der wahre Messias dagegen noch aussteht, war im Judentum immer auch ein Stachel gegen jegliche Herrschaft. Nur reichte dieser Stachel stets auch wieder ins eigene Bewußtsein zurück. Mit jedem Satz, den Singer schrieb, vergrößerte sich die Kluft zwischen ihm und seinem Judentum. Er wollte, als er es mit zweiundzwanzig Jahren begann, «wahrhaftig» schreiben, also beschreiben, was er sah: die tagtäglichen und offen auch die eher nächtlichen Nöte der Menschen um ihn herum. Damit handelte er sich sofort (wie im Grunde jeder jüdische Schriftsteller; das Werk des Amerikaners Philip Roth zehrt weitgehend von diesem Motiv) den Vorwurf des (jüdischen) Antisemitismus ein. «Er müsse doch», so wurde ihm schon in Warschau vorgehalten, «ein beredter Verteidiger der Juden sein, nicht ihr Verleumder.»

Und dieser Zwiespalt verlängert sich weiter bis ins Verhältnis des Juden zu seinem Staat hinein, zu Israel. Vorsichtig, andeutend umkreist Singer, hier in seinen Erinnerungen wie auch in vielen seiner Erzählungen, dieses Dilemma. «Obwohl die Juden seit zweitausend Jahren im Exil lebten, hat sich ihre Religion nicht in nichts aufgelöst. (...) Der Jude in der Diaspora klammert sich an eine einzige Hoffnung – an das Kommen des Messias.» Aber: «Das Erscheinen des Messias wurde nicht als weltliche Befreiung betrachtet, als das Wiedererobern verlorenen Gebietes, sondern als eine geistige Erlösung, die die ganze Welt verändern, alles Böse ausrotten und das Himmelreich auf Erden bringen würde.» Deshalb entzieht der Staat, der den Juden ihren Glauben garantiert, dem Glauben die Grundlage. Anders, vielleicht etwas forsch gesagt: Israelis sind keine Juden mehr.

Singers erzählte Lebensgeschichte ist auch ein historisches Dokument. In den Schicksalen seiner zärtlich und schalkhaft beschriebenen, häufig skurrilen Figuren öffnet sich noch einmal der Blick auf eine andere Welt. Nur grundlose Hoffnung muß diesen Verlust nicht als unwiederbringlich betrachten.

6
Hinein ins Vergnügen!

Italo Calvino: «Wenn ein Reisender in einer Winternacht»

«Der Roman beginnt», mit leichter Verzögerung, «auf einem Bahnhof.» Der Leser, der bis dahin kommt (Seite 15), hat es geschafft. Der Zug fährt ab. Ein außergewöhnliches Buch, und zwar, so blöd das hier noch klingt, für Leser.

So etwas hatte ich mir, um offen zu sein, schon lange gewünscht. So ein Buch. Prall und deftig, mit beiden Händen ins Leben gegriffen, saftig, detailreich, dicht dazu, voller versteckter und offener Bezüge, dabei raffiniert und hinterlistig, immer so erzählt, daß sich die Balken biegen.

Nicht diese gequälten Reflexionen über die Bedingungen der Möglichkeit, unsere gegenwärtige Welt in ihrer Totalität sprachlich zu erfassen. Nicht die larmoyanten Erörterungen über die Unmöglichkeit, heute noch zu erzählen wie einst, sagen wir, Italo Calvino. Nicht das übliche Spiel mit Irritationen, nicht einmal der Versuch, gegen die etablierten Erwartungshaltungen anzuschreiben.

Im Gegenteil: Hier werden alle Erwartungen erfüllt, allerdings mit leichter Verzögerung. Hier geht's rund, ohne Wenn und Aber. Ein richtiger Roman, beziehungsweise, um ehrlich zu bleiben, gleich deren elf. Eine Geschichte folgt aus der anderen, und es wird immer spannender. Das ist was zum Schmökern. Nichts gegen Eco, nur liest der sich dagegen wie das Telephonbuch von Mailand, viel Personal, kaum Handlung. Hier geht es Schlag auf Schlag.

Allein die Nummer im Auto, mit dem toten Jojo auf dem Rücksitz, der just in dem Moment, als vorne die Sache ihrem Höhepunkt zustrebt, mit seinem Kopf dazwischennickt; da geht's überhaupt hoch her, bis die beiden endlich ihre Leiche losgeworden sind und nur noch einen Schuh (!) übrigbehalten haben.

Oder die Geschichte von dem Jogging-Freak mit dem Telephonfimmel, der wirklich in der allerletzten Sekunde Marjorie findet, von ihren Fesseln befreit und dann ... dasteht.

Erst recht die Geschichte von dem japanischen Studenten, der sich mit der Gleichzeitigkeit sinnlicher Wahrnehmungen beschäftigt und, gleichzeitig, auf die Tochter seines Lehrers fliegt, dabei regelrecht ins Stolpern kommt und deshalb deren Mutter (Verzeihung!) vögelt.

Das sind Geschichten! Da ist alles beisammen, womit man heutzutage Leser fesseln kann, Abenteuerroman und Agententhriller – und, um den Leser bei der Stange zu halten, hochartistische Pornographie. Da wird mit autobiographischen Innerlichkeitsergüssen, surrealistischen Versatzstücken, trivialer Kolportage und magischem Realismus ein Querschnitt der modernen Literaturgeschichte geboten. Da wird auf ehrwürdige Mythen angespielt und kein deftiger Scherz ausgelassen. Der Altphilologe kommt zu seinem Vergnügen, und dem Leichenwäscher treibt's die Tränen in die Augen.

Da ist, zum Beispiel, auch die Geschichte eines Geschäftsmannes mit einem Hang zur Spekulation, in weitestem Sinne. Dieser Mann braucht, um denken zu können, Spiegel, weil sein Reflexions- und Spekulationsvermögen nur dann zu aktivieren ist, wenn sein Geist durch ein imitierbares Vorbild angeregt wird. So hat er nach dem Prinzip des Kaleidoskopes auch sein Finanzimperium aufgebaut. Er denkt niemals direkt an Geld, Geschäfte, Profit, sondern «immer nur an die Brechungswinkel zwischen unterschiedlich geneigten schimmernden Flächen».

Das ganze System von Spiegelungen und Brechungen, das er sich auf diese Weise erbaut hat, in seinen Spiegelräumen und außerhalb, reflektiert jedoch auf vertrackte Weise die Wirklichkeit, die ihn, offenbar schon längst, umstellt hat. So läßt sich am Ende (der Ausdruck gilt nur unter Vorbehalt) nicht mehr unterscheiden, ob die wirkliche Entführung, die er fingiert, um sich durch die Täuschung vor einer echten zu schützen, wirklich fingiert oder fingiert wirklich ist. Was soll's auch.

Wo der Schein von Wirklichkeit längst an deren Stelle getreten ist, erübrigt sich die Frage nach wahr und falsch, nach Original und Kopie. So wird denn auch der arme Handelsmann zu seiner «großen Überraschung» nicht in irgendein «geheimes Versteck», sondern in sein eigenes Haus gebracht und in seinem eigenen Spiegelzimmer eingesperrt. Und siehe da: «Auf dem Spiegelglasboden liegt» noch «ein weiblicher Körper, gefesselt». Seine, vermutlich echte, Geliebte. «Bei der geringsten Bewegung multipliziert sich ihr nacktes Fleisch, tausendfach wiederholt, in allen Spiegeln.» Aber erst die letzte Brechung dieser Geschichte, in der seine (wirkliche) Frau auftaucht und übrigens auch Novalis zitiert wird, läßt die (echte) Pointe sichtbar werden.

Nur, ich will ja offen reden, in dieser Geschichte spiegelt sich nicht allein das kaleidoskopische Prinzip des Spekulanten, sondern auch das poetologische Prinzip des (mit aller Vorsicht so genannten) Autors. Wir sind schließlich von Anfang an dabei. Wir – das heißt: die Leser, die in der Vorrede schon aufgefordert werden, es sich bequem zu machen, die Beine hochzulegen. Wir – also Sie, ich, dann dieses «du», der eigentliche Held des Buches, und (der erotische Reiz) Ludmilla, wir werden gleich zu Beginn als Verdoppelung des Autors eingeführt. Nur dadurch, daß wir lesen, genauer gesagt, daß wir lesen wollen, wird aus diesen angefangenen und abgebrochenen Geschichten *ein* Roman.

Das klingt komplizierter, als es ist. Wenn «Wenn ein Reisender in einer Winternacht» genau dort abbricht, wo es anfängt, spannend zu werden, dann geben wir halt unser Buch zurück. So einfach ist das nämlich:

Der Buchhändler bleibt gelassen. «Aha, also auch bei Ihnen. Wir hatten schon mehrere Reklamationen. Und grad heute morgen ist ein Rundschreiben vom Verlag gekommen. Hier, sehen Sie: Bei der Auslieferung unserer neuesten Titel hat sich gezeigt, daß ein Teil der Auflage von Calvino *Wenn ein Reisender in einer Winternacht* leider defekt ist und aus dem Verkehr gezogen werden muß. Durch ein Versehen der Bindeanstalt sind die Druckbogen des genannten Buches mit denen einer andren Neuerscheinung, des polnischen Romans *Vor dem Weichbild von Malbork* von Tazio Bazakbal, durcheinandergeraten.»

Damit geht's nun richtig los. «Du», der Leser, und Ludmilla, die Leserin, die «du» beim Umtausch in der Buchhandlung kennengelernt hast, machen sich jetzt auf die Suche nach dem Original des Romans, den sie, durch das Versehen der Bindeanstalt, zu lesen begonnen haben. Die beiden – also wir, die Leser – wollen schlicht und einfach wissen, wie es weitergeht.

Das hat wenig mit dem alten Hut des Romans im Roman zu tun, der von André Gide an Thomas Mann weitergereicht wurde und seither als Stafette im Umlauf ist. Calvinos Konzept ist radikaler. «Du» und Ludmilla, also die Leser, suchen das Original des Romans und finden doch nur und immer wieder Fälschungen: zehn Geschichten, die nichts miteinander zu tun haben, haarsträubende und hanebüchene Geschichten, die stets mittendrin abbrechen, weil da ein System dahintersteckt und hinter dem System wiederum ein Prinzip. Klar, daß (nicht nur) die (beiden) Leser da hineingezogen werden.

Der Anfang ist, ehrlich, etwas zäh. Das Spiel muß halt erst einmal in Gang kommen: «So bist du nun endlich bereit, dich über die ersten Zeilen der ersten Seite herzumachen. Gleich wirst du den unverwechselbaren Ton dieses Autors wiedererkennen» – meint der Autor und behauptet gleich darauf, «daß er sich von Buch zu Buch sehr verändert», gar keinen «unverwechselbaren Ton» habe. Darüber läßt sich streiten.

Das Unverwechselbare an Italo Calvino sind «die Veränderungen». Er wurde 1923 auf Kuba geboren, ist in San Remo aufgewachsen, schloß sich früh der italienischen Widerstandsbewegung an und war bis 1956 (Ungarn) eng der KPI verbunden. Cesare Pavese war sein Freund und früher Mentor. Calvino promovierte in Turin über Joseph Conrad, arbeitete an der Parteizeitung «Unità», begann mit neo-realistischen Geschichten.

Doch er schrieb, wie er selber in der Erzählung «Das Schloß, darin sich Schicksale kreuzen» schreibt, immer aus dem «Bedürfnis, die eine Schreibart mit einer ganz anderen zu wechseln und mich jedesmal ans Schreiben zu machen, als hätte ich noch nie zuvor etwas geschrieben». Jedes seiner Bücher ist eigenartig/originell, anders als die vorangegangenen.

Skeptische Fabeln von der Entstehung und Geschichte des Weltalls («Kosmokomische Geschichten»), fiktive Berichte eines fiktiven Marco Polo, die die geschichtslos erstarrte Welt mit den Mitteln seiner Phantasie wieder in Bewegung bringen («Die unsichtbaren

Städte»), die Rekonstruktion von Lebensgeschichten aus der Konstellation von Tarock-Karten («Das Schloß, darin sich Schicksale kreuzen») – immer ist sein erzählerischer Impuls in eine raffiniert ausgetüftelte Konstruktion eingebunden; immer sind Einfallsreichtum und Phantasie einem analytischen Kalkül unterworfen; immer ist die pure Lust am Erzählen kaleidoskopisch gebrochen in dem Vexierspiel von Fiktion und Realität. Erkenntnistheorie, Ästhetik, Literaturtheorie, Semiologie – Calvino nimmt Fragestellungen gegenwärtiger Wissenschaft auf, als Material seiner Erzählung; er nimmt sie ernst, indem er damit spielt.

Calvino ist als Philosoph unter die Erzähler gegangen, nur erzählt er nicht «philosophisch», er philosophiert erzählerisch, fast unmerklich: In den Übergängen seiner Erzählungen erscheinen die Probleme der Gegenwart gebrochen, nämlich reflektiert. «Wenn ein Reisender in einer Winternacht» läßt sich deshalb als grandiose Satire auf den Kulturbetrieb lesen, als bissige Zeit- und Gesellschaftskritik, als anspielungsreiche Literaturliteratur, und – vor allem – als Schmöker, der den Leser, offenkundig und zugleich hinterlistig, zum Autor macht.

Das Thema des neuen «Romans» wird fast verdeckt durch die Vielzahl der Romane, die auf der Suche nach dem richtigen Roman entdeckt werden. Der ursprüngliche Fälscher des (nicht vorhandenen?) Originals präsentiert dafür sogar eine «Theorie»: Seiner «Ansicht nach beziehe die Literatur ihren Wert aus ihrem Mystifikationsvermögen, jawohl, in der Mystifikation habe sie ihre Wahrheit, und folglich sei eine Fälschung, als Mystifikation einer Mystifikation, soviel wie eine Wahrheit zweiter Potenz». Die wiederum darauf folgende «Theorie des Autors» erscheint als logische Konsequenz.

Aber, hier liegt der ganze Witz, alle diese Annahmen mitsamt den Theorien werden zum Motor der Handlung – in den zehn Romanen und in dem elften, der sich zwischen den zehn abspielt. Und diese Handlung, die, wie gesagt, etwas zäh anläuft, überschlägt sich dafür am Ende. Was hier, bei mir, kompliziert erscheinen mag, ist im Grunde ganz einfach: Sie gehen, am besten gleich, in Ihre Buchhandlung und kaufen sich Italo Calvinos «Wenn ein Reisender in einer Winternacht». Sie werden nicht der einzige sein, der wegen dieses Buches kommt.

Lassen Sie sich nicht entmutigen, denn *Sie* gehen kein Risiko ein, Sie wissen ja, das Buch ist falsch gebunden, das Original unauffindbar, Sie sind notgedrungen auf die Kopie verwiesen, die Ihr Buchhändler für Sie bereithält. Mit Hinweis auf Seite 34 können Sie Ihre Kopie jederzeit wieder umtauschen.

7
Ich sehe schwarz

Marlen Haushofer, das «Untier» und die Springflut apokalyptischer Literatur

Kürzlich war bei uns, im Frankfurter Nordend, ein dumpfes Grollen zu hören, der akustische Nachhall einer Explosion, vielleicht auch nur ein Flugzeug. Mir wurde es etwas flau im Magen. Leicht verstört suchte ich das Geräusch zu identifizieren. Meine Frau, nichtsahnend, fragte irritiert, was denn los sei, ob es mir nicht gut gehe. Ach was, sagte ich, noch immer auf das verklingende Dröhnen hörend, die Katastrophenbücher, die ich seit Wochen lese.

Aber: kein Knall, kein Blitz, keine Druckwellen, nur der gewohnte graue Himmel dicht über der Stadt. Trotzdem wußte ich: mein Konzept, das war im Eimer. Die schöne Vorstellung: auf der einen Seite Marlen Haushofer mit ihrem wiederaufgelegten Roman «Die Wand» [1], dann der tiefe Graben, auf der anderen Seite alle diese apokalyptischen Schreckensbilder, schnell runtergebügelt.

Clov, einer der beiden Akteure in Becketts «Endspiel», meinte, schon 1957 und mit starrem Blick und tonloser Stimme: «Ende, es ist zu Ende, es geht zu Ende, es geht vielleicht zu Ende.» So begann, damals, das Spiel. Ich habe jedenfalls viel gelernt, in diesen Wochen, vor allem, daß ich erst einmal lernen muß, anthropofugal zu denken.

Unsere Altvorderen, «Untiere», freilich von Anbeginn, hatten sich seinerzeit das Ende der Welt räumlich vorgestellt. Sozusagen: die Welt mit Brettern vernagelt. Die Bedrohung, wie man heute sagt: die Bestandsgefährdung, kam von draußen. Im Zuge des Fortschritts wurde diese sicher etwas plumpe, dafür einsichtige Vorstellung ersetzt – durch die eines zeitlichen Endes. Die Bibel versprach uns den

Jüngsten Tag. Da werden dann, so steht es geschrieben, die Böcke von den Schafen geschieden, die Guten ins Kröpfchen, die Bösen ins Töpfchen gesteckt und alles wird, das war der Gedanke, endlich seine Ordnung haben, dereinst, wenn dieser Tag, das neue Jerusalem, gekommen sein wird. Nun sind wir heute, dank des fortgeschrittenen Fortschritts, schon ein Stück weiter: wir, die «Untiere», haben, wenn ich den apokalyptischen Reiter Ulrich Horstmann und seine prophetische Schrift «Das Untier»[2] richtig verstehe, nicht nur die Möglichkeit, die Prophezeiungen der Bibel gleichsam eigenhändig zu erfüllen, sondern, «ohne jede Ironie», endlich auch die Mittel, den «Evolutionsprozeß» bewußt und planvoll zu seinem Ende zu bringen, will heißen, wieder ohne jede Ironie, zur kollektiven Selbstvernichtung der Menschheit, also dahin, wohin wir, dem kühnen Freund der Weisheit zufolge, seit jeher schon wollten.

So wäre es denn eigentlich müßig, räumliche und zeitliche Vorstellung vom Ende der Welt noch auseinanderzuhalten. Doch, gemach, wir, das Fußvolk, sind noch nicht soweit. Selbst unsere aufgeklärtesten Autoren, wie etwa Matthias Horx[3], der wahrlich spontan seine post-atomare Sponti-Gruppe im Vogelsberg (nicht nur) fliegen (sondern, mit Verlaub, auch wieder vögeln) läßt, selbst solche Autoren, die sich Aufklärung zum Ziel gesetzt haben, hinken sozusagen hegelisch hinter Horstmann hinterher. Hegel bestimmte nämlich die Philosophie als ihre Zeit in Gedanken gefaßt. Horstmann hält das für dämlich und bestimmt den Philosophen als apokalyptischen Reiter, die Philosophie als «Menschenflucht». Nicht wir, aber die Philosophen müssen sich der Notwendigkeit des anthropofugalen Denkens stellen: dem Ende.

«Das Ende der Welt, oder vielmehr das Ende jener Welt, in der wir bisher gelebt hatten, begann auf höchst einfache und undramatische Weise. Das Licht ging aus. Als es finster wurde, gab es Gelächter, eine Stromunterbrechung, sagte jemand (...) ich ging an Momo vorüber und merkte, daß sein Transistor nicht mehr blökte, die Skala aber noch immer beleuchtet war. (...) Schweigend lauschten wir sieben, wenn man so sagen darf, auf das Schweigen des Transistors, als ein Getöse losbrach, von dem ich nur durch Vergleiche, die mir alle lächerlich erscheinen, eine Vorstellung vermitteln kann: Donnergrollen, Preßlufthämmer, heulende Sirenen, Flugzeuge beim Durchbrechen der Schallmauer, Lokomotiven in rasender Fahrt. Jedenfalls ein

Knallen, Klirren, Kreischen, das Maximum von Gellen und Dröhnen, auf ein Geräuschvolumen gebracht, das das Wahrnehmungsvermögen überstieg.»[4]

Des einen Eule ist des anderen Nachtigall, also:

«Der Anblick der Hölle. Frankfurt brannte von Süden bis Norden. Turmhohe Flammen zum Orkan vereinigt. Schwarze Wolkengebirge in rasenden, kochenden Wirbeln, rissen sich in die Höhe, verschmolzen, jagten auseinander. Trümmerfontänen, als brächen dort, wo die Stadt war, Geysire auf. Zischen und Prasseln in der Luft, das Ächzen der sterbenden Stadt. Explosionen, Funkengarben. Ein schwarzer Taifun, unablässig um sich selbst rotierend, schien die Stadt zu zermalmen.»[5]

«Zehn Minuten später schlugen überall in England Raketen ein, und der Bildschirm wurde dunkel.»[6] Zusammengefaßt:

«In ganz Europa war Chaos, Mord und Totschlag, Seuchen und Verwüstungen. Es gab einen dichten Teppich ähnlicher Todeszonen wie die von Stuttgart. Einmal in der Nähe der Hauptstädte und Industriezonen, andererseits auch durch Fehlschüsse und Ablenkungsmanöver in abgelegenen ländlichen Gebieten.»[7]

Das zu lesen bleibt lehrreich. Ich habe viel dazugelernt. Ich weiß jetzt von «Jenny» etwa, aus ihrem handgeschriebenen Tagebuch (und darum aus erster Hand, denn dank moderner Drucktechnik ist auch die deutsche Übersetzung des englischen Originals in der authentischen Handschrift zu haben), womit ich einige Tage nach dem «Day after» zu rechnen habe, mit Unmassen von Insekten zum Beispiel, die sich wie die Karnickel vermehren werden, weil es keine Vögel mehr geben wird, was Horx, vom Vogelsberg her, bestätigt: «Fliegen!» schreibt er locker; «hier lebt kein Vogel mehr. Sie können sich unbegrenzt vermehren.» Ich weiß zudem, von Robert Merle, daß es angeraten ist, ein Pferd im Keller zu haben, denn unsere Autos – da sind sich alle Autoren einig – können wir vergessen. Ich weiß, wie wichtig Wasser wird, am Tag danach. Denn es wird heiß werden.

Aber, Scherz beiseite, ich habe mich durch einige tausend Seiten der Endzeit-Visionen hindurchgelesen, oft nur hindurchgequält; ich bin mit den überlebenden Helden durch die knietiefe Asche gestapft; habe, mit ihnen, den ersten postinfernalischen Regen herbeigesehnt; habe, ohne moralische Skrupel, mit ihnen die Supermärkte geplündert und, auf den Knien rutschend, das erste nachatomare Korn gesäet; habe mich, langsam, mit der Vorstellung eines einfachen Lebens befreundet, aber letztlich nicht über die vielen miesen Formulierungen hinwegsetzen können. Und jetzt, am Ende, weiß ich nicht mehr, was ich davon halten soll.

Da sehe ich abends in der Tagesschau das nervöse Zucken unseres Bundesministers der Verteidigung, da sehe ich wenig später, es kann am gleichen Abend gewesen sein, den in letzter Zeit deutlich gealterten Pistolenheld in seinem weißen Häuschen eine freie Rede vom Projektor ablesen, und da kommen dann diese Bilder wieder hoch, verunglückt und schief zum Teil, naiv und etwas treuherzig zuweilen, aber nach dem vierten, fünften, sechsten Buch verstärkt sich selbst durch die Wiederholungen der Eindruck. Ich bin nervöser geworden.

Wie einfach hatte ich mir das doch vorgestellt. Marlen Haushofer: «Die Wand». Ein erschreckend ‹schönes› Buch, das durch die Aussparung wirkt. Dagegen abgesetzt die Modewelle, diese Schnellschüsse, die aus der Angst Kapital schlagen; der Friede als Marktlücke.

Jetzt haben wir die Raketen. Aus der Friedensbewegung ist die Luft raus. Es läßt sich an fünf Fingern abzählen, daß sich der Trend bald verläppert. Trotzdem sind diese apokalyptischen Trittbrettfahrer nicht so einfach runterzurezensieren. Prächtig ausgestattete Bände zum Teil, die auf leicht unterschiedliche Weise das gleiche beschreiben, unser aller Ende; literarisch mehr oder weniger belanglos (vor allem: ersteres). Rührende, aber immer auch ärgerliche Versuche, das Unvorstellbare vorzustellen.

Ich darf halt nicht über den Buchrand hinausblicken, schon gar nicht auf den Frankfurter Himmel, der seit Wochen so grau ist wie «alles» in Becketts «Endspiel». Beim Text bleiben, mahne ich mich: Knut Faldbakkens «Unjahre»[8], die drastisch/penible Beschreibung eines schlichten ökologischen Desasters. Ich nehme mir (lesend) vor, bald umweltfreundliches Papier zu kaufen und doch mal auf der Weltkarte nach einer abgelegenen Insel zu suchen, literarisch belanglos, meinetwegen.

Eine einfache Geschichte. Fast, wie Marlen Haushofer selber sagte, eine Katzengeschichte. Eine Frau fährt mit Verwandten in die Berge, auf eine Jagdhütte. Die Verwandten, ihre Kusine und deren Mann, begeben sich gleich nach der Ankunft noch einmal ins Dorf und kommen, entgegen der Verabredung, nicht wieder zurück. Beunruhigt macht sich die Frau am nächsten Morgen auf den Weg. Doch sie kommt nicht weit. Sie stößt plötzlich an eine durchsichtige, unsichtbare Wand. Dahinter ist jedes Leben erstorben. Sie kann die toten Menschen und Tiere sehen. Sie ist allein, oben, in den Bergen, mit ihrem Hund, einer Katze, die ihr zuläuft, mit einer Kuh, die sie wenig später entdeckt. Sie weiß nicht, was geschah, nicht, warum. «Ich hatte», schreibt sie im Rückblick, «nur noch die Tiere und fing an, mich als Oberhaupt unserer merkwürdigen Familie zu fühlen.» Diesen Kampf, nur ums Überleben, beschreibt Marlen Haushofer, die österreichische Schriftstellerin, die schon 1970, noch keine 50 Jahre alt, an Krebs gestorben ist (und die jetzt wieder entdeckt wird: in diesem Frühjahr erscheinen gleich zwei weitere Neuauflagen[9]). Sie beschreibt unpathetisch, unprätentiös, in einem nüchtern sachlichen Tonfall. Die Wirkung dieses Romans verdankt sich der ökonomischen Erzählweise. Die Wand ist eben da, ein konsequentes Resultat der Geschichte. Es lohnt nicht mehr, darüber nachzudenken. Die Frau richtet sich in den Gegebenheiten ein und denkt auch kaum mehr zurück, und wenn, dann ohne jede Trauer. In dieser Ausblendung verbirgt sich der ganze Schrecken des Buches. Der Frau fehlen die Menschen nicht, im Gegenteil, sie fühlt sich sogar erleichtert. So notiert sie einmal, daß es ihr nicht um die beiden «Halberwachsenen», die sie in der Stadt zurückgelassen hat, leid tut, sondern nur um die Kinder, die sie einmal gewesen waren. «Wahrscheinlich klingt das sehr grausam», schreibt sie weiter, «aber ich wüßte nicht, wem ich heute noch etwas vorlügen sollte. Ich kann mir erlauben, die Wahrheit zu schreiben. Alle, denen zuliebe ich mein Leben lang gelogen habe, sind tot.» Jetzt leidet sie mit den Tieren, trauert um ihren Verlust, um Perle, das kleine Kätzchen, das nicht wieder aus dem Wald zurückkam, um Luchs, den Jagdhund, der ständig um sie herum war, der mit ihr litt, sich mit ihr freute, mit dem sie sprechen konnte und dabei spürte, daß er sie verstand. Gleichwohl bleiben die Tiere für sie – Tiere. Überhaupt wird die Natur keineswegs idealisiert, sondern in ihrer ganzen Gewalt und Grausamkeit beschrieben. Natur und (was seit Marx) zweite Natur (heißt) sind eins geworden.

Idealisierung läßt sich auch den beiden «Ernstfall-Romanen» von Matthias Horx kaum vorwerfen. Dem Redakteur des Frankfurter Szene-Blatts «Pflasterstrand» kann offenbar nichts, nicht einmal der «große Bums», die Sprache verschlagen. Schnoddrig wie eh und je, im Sponti-Jargon der vergangenen Jahre schwadronieren sich seine post-infernalischen Helden durch die kleinen Zwischenräume der großen Katastrophe. Die Diskussionen der Gegenwart sind bei Horx zur Wirklichkeit einer verlorenen Zukunft geworden: zwischen grün und grau, den ökologischen Sekten («Ackeraposteln») und radioaktivem Staub, bewegt sich, von Butzbach bis Bitburg, was sich bewegen kann, eine kleine Spontigruppe (zuweilen vom Heimweh nach der «Flußebene» getrieben). Horx mangelt es nicht an Einfällen und seinen beiden Büchern nicht an Ausfällen, etwa gegen die heutigen Körnerfresser und Friedensfreunde, die bei ihm um Jahrzehnte gealtert, aber keinen Deut klüger geworden sind. Doch, im ganzen gesehen, bewegt sich auch seine Phantasie in engen Bahnen: «Wir zählen. Einundzwanzig, zweiundzwanzig, dreiundzwanzig. Bei fünfunddreißig wackelt das Bild, als die Druckwelle die Kamera erfaßt. Die Bäume im Blickfeld beugen sich, kleine Äste splittern. Vorbei.»

Denkste. Auch das ist nur der Anfang von einem ‹Ende›, das keines ist. Mit «rem», den radioaktiven Strahlungseinheiten, mit Notaggregaten, wilden, herumstreunenden Hunden und vor allem mit Überlebenden müssen sich die Überlebenden herumschlagen. Der Mensch bleibt, selbst in den wenigen verbliebenen Exemplaren, das Untier.

Wir müssen, so scheint's, doch lernen, anthropofugal zu denken; im Grunde: ein Kinderspiel. Wir müssen die Geschichte nur so sehen (freilich von einem erhöhten Standpunkt aus), wie sie war und ist. Was Adorno, unaufgeklärt, in den schlichten Satz preßte, daß es wohl Fortschritt gegeben habe in der Geschichte, von der Steinschleuder zur Megabombe, nicht aber vom Wilden zur Humanität, das bläht Horstmann zu einer windigen Ballonfahrt auf, quer durch die ganze Philosophiegeschichte, um nach 111 Seiten exakt bei seinem Steckenpferd zu landen. «Nach einer über zweitausendjährigen spekulativen Odyssee ist die Philosophie zu der ursprünglichen Gewißheit des Mythos zurückgekehrt, daß wir Parias und Entartete der Schöpfung sind», Untiere mithin, «eine evolutive Fehlform, die sich in einem Spasmus der Vernichtung selbst ad absurdum führen und zurücknehmen wird.» So lautet, schlicht und sinnfällig, die «Wahrheit des anthropofugalen Denkens». Schleicht euch – so sagt man südlich der Horxschen Flußebene dazu. Horstmann drückt sich gewählter aus: «Das Untier ist in der Tat ‹ein Attentat (der Natur) auf sich selbst›, doch liegt es jetzt in unserer Verantwortung, ob dieser Anschlag scheitert oder» – endlich! – «gelingt.»

Die Aussichten sind fürwahr günstig: «Unser militärtechnologischer Leistungsstand dürfte uns schon jetzt dank der angesammelten thermonuklearen Overkill-Kapazitäten, der biochemischen Einsatzreserven und bakteriologischen ‹Ausputzer› in den Stand versetzen, unsere Spezies bis auf das letzte Exemplar vom Angesicht der Erde zu vertilgen. Damit wäre» – im Münsteraner Philosophenkopf erscheint das nicht als Verhängnis, sondern als Verheißung – der «evolutionäre Fehltritt korrigiert» und die menschliche Gattung endlich dort angelangt, wohin sie seit Anbeginn will, zum Ende. Gegenargumente, die solche Kühnheit provoziert, wehrt Horstmann mit der linken Hand ab: der horizontlose Humanismus, der ja dieses «anthropofugale Paradigma» noch als Warnung mißverstehen könnte, kommt gegen die «angeborene Automatik des ‹Verdrängungsschutzes›» nicht an. Wir, das dieser ‹Philosophie der Menschenflucht› so leichthin geopferte Fußvolk, wollen ja nicht wissen, daß wir auf der Bombe sitzen. Besser noch: wir können es nicht einmal wissen wollen. Horstmann ist, wir sehen das, mit allen Wassern gewaschen. Vielleicht hat er sogar recht, daß wir uns eines nicht so fernen und doch jüngsten Tages, «wenn nicht mit anthropofugalem Frohlocken, so doch ohne Gegenwehr und Bestürzung, jenem sanften Transport in die Vernichtung überantworten, die aller Not ein Ende bereitet».

Wenn dann, irgendwo fernab, in den Bergen, eine Frau, allein auf einer Jagdhütte, beginnen wird, ihren Bericht zu schreiben, auf der Rückseite alter Kalenderblätter und auf vergilbtem Geschäftspapier, dann wird Marlen Haushofers Fiktion Wirklichkeit geworden sein. Die Frau kann nicht damit rechnen, daß ihre Aufzeichnungen einmal gefunden werden, und sie wird es dennoch hoffen. Sie muß schreiben. Denn Luchs, ihr Hund, ist tot. Den Ereignissen vorausgreifend, wird sie immer wieder den Tod des Hundes erwähnen, aber nichts darüber sagen, wie und warum er gestorben ist, bis zum Ende. Erst auf den letzten Seiten ihrer Aufzeichnungen wird sie den Zeitpunkt erreicht haben, an dem sie zu schreiben begann. (Aus diesem Kunstgriff bezieht der Roman seine Spannung und seine – erschütternde – Wirkung.)

Marlen Haushofers Buch ist aus der Verzweiflung heraus geschrieben. Irgendwann einmal notiert die Frau: «Manchmal, schon lange ehe es die Wand gab, habe ich gewünscht, tot zu sein, um meine Bürde endlich abwerfen zu können. Über diese schwere Last habe ich immer geschwiegen; ein Mann hätte mich nicht verstanden, und die Frauen, denen ging es doch genau wie mir. Und so tratschten wir lieber über Kleider, Freundinnen und Theater und lachten, die heimlich verzehrende Sorge in den Augen. Jede von uns wußte darum, und deshalb redeten wir nie darüber.»

«Und es wurden Stimmen und Donner und Blitze, wie solches nicht gewesen ist, solch Erdbeben also groß.» Und Clov, der Endspieler Becketts, nölt zwischendurch immer mal wieder: «Irgend etwas geht seinen Gang.»

Die Dramaturgie der post-nuklearen Schauergeschichten ist vorweg festgelegt. Sie sind nach dem Muster der Apokalypse gestrickt. Sie nähren die Hoffnung. Sie unterstellen, daß es auch nach dem Ende noch weitergeht. Sie sind nicht besser als der amerikanische Film «The Day after», der in den USA eine enorme Wirkung gehabt haben soll, auch für die Bauindustrie, die jetzt den lang ersehnten wirtschaftlichen Aufschwung deutlich spürt, an den Aufträgen für private Atombunker.

Heißt das, fragte meine (eingangs schon einmal erwähnte) Frau, daß du in dieser Situation noch für Literatur plädieren willst? Bekanntlich sind die Sargdeckel, sagte ich ihr darauf, von der Seite des Verbrauchers her gesehen, schmucklos.

Die (zitierten oder erwähnten) Bücher:

1 Marlen Haushofer: Die Wand. Roman. 2. Aufl., Claassen Verlag, Hamburg und Düsseldorf 1983

2 Ulrich Horstmann: Das Untier. Konturen einer Philosophie der Menschenflucht, Medusa Verlag, Wien–Berlin 1983

3 Matthias Horx: Es geht voran. Ein Ernstfall-Roman, Rotbuch Verlag, Berlin 1982
Matthias Horx: Glückliche Reise. Roman zwischen den Zeiten, Rotbuch Verlag, Berlin 1983

4 Robert Merle: Malevil oder Die Bombe ist gefallen, Robinson Verlag, Frankfurt am Main 1982

5 Udo Rabsch: Julius oder Der schwarze Sommer. Roman, Konkursbuchverlag, Tübingen 1983

6 Jenny. Ein Tagebuch. Deutsch v. Barbara Bortfeldt, Verlag Kiepenheuer & Witsch, Köln 1984

7 Anton Andreas Guha: Ende. Tagebuch aus dem 3. Weltkrieg. Athenäum Verlag, Königstein (Ts.) 1983
8 Knut Faldbakken: Unjahre. Roman. Schneekluth Verlag, München 1983
9 Marlen Haushofer: Die Tapetentür. Roman. 2. Aufl., Zsolnay Verlag, Wien, Hamburg 1984
Marlen Haushofer: Himmel, der nirgendwo endet. Roman. 2. Aufl., Claassen Verlag, Düsseldorf 1984

8
Ein ganzes Leben im Koberlatein

Einar Schleef: «Gertrud»

Eine Zumutung. Was dieser Autor (und ebenso sein Verlag) dem Leser zumutet, geht weiß Gott auf keine Kuhhaut mehr. Es ist unverschämt und rücksichtslos. Achthundertsechsundneunzig engbedruckte, großformatige Seiten, doch kaum ein einziger vollständiger Satz, kaum ein Satz, der nicht verkrüppelt, verstümmelt daherkommt. Sprachmüll, «Koberlatein», von einem wirren Kopf produziert, angehäuft und schließlich über die Tage, Wochen, Monate und Jahre verteilt.

Ein Sohn, der Autor, schreibt über seine Mutter. Doch zu lesen ist auch, was eine Mutter über und an und für ihren Sohn zu Papier gebracht hat: «Ich werde aufschreiben, was der Junge immer und immer wieder von mir wissen wollte, wer seine Eltern sind, und ihm mitgeben.» Diese, versteht sich: rein private, Mitgift hat der Sohn, ihr «Filius», offenbar als öffentliches Erbe verstanden. Ein psychopathologischer Fall, soviel ist sicher.

«Sitze unter einem Schlag betäubt, die Arme ausgestreckt versagen, bleiben in der Luft, senken sich selbst, brauche nur nachzugeben. Dann berühren sie den Stoff, schon zitterts in den Fingern, das neue Kribbeln, Kratzen, Schubbern, wollen wieder keine Ruhe geben, sich entschuldigen, daß sie nicht festhalten können, Scharren, den Kopf gesenkt, Wimmern, sie haben erneut nachgegeben, ich weiß es längst, aber auch die Gedanken verlassen mich, muß meine Augen schützen, schließen, damit ich langsam verdaue. Die Sprache rülpst mir von unten, steigt Luftröhre hoch, knödelt und will sich erbrechen.

Zusammenhängende Wörter, ich muß den Mund weit aufmachen oder runterschlucken. Damits weiter gärt bis zum nächsten Kurzschluß.»

So geht das Seite um Seite, Tag für Tag, Jahr für Jahr. «Im Gehirn frißt ein Loch, fühle die Stelle, wächst tiefer.» Schon die einfachsten Fragen, ob es sich hier um ein Tagebuch oder einen Briefroman handelt, lassen sich kaum entscheiden. Sicher fixierbar ist nur dieser monotone, endlos unaufhörliche Monolog der alternden, schließlich alten und einsamen Frau.

Ihr Mann Willy, ein Bauleiter und Architekt, war krank aus dem Krieg nach Hause gekommen, krank geblieben und früh, im April 1971, gestorben. Beide Söhne, aus der DDR abgehauen, sitzen im Westen, der eine, weit jüngere, unser Autor, einst in Ost-Berlin Bühnenbildner und Regisseur, lebt und schreibt jetzt in West-Berlin.

Gertrud, die Mutter, krank, alt, einsam, bleibt allein in Sangerhausen zurück – und schreibt, fast täglich, über zehn Jahre lang, von 1970 bis 1980, von ihrem Leben, den Krankheiten, der Einsamkeit, von den kleinen Leiden, den Beschwernissen des Alters, ihrem «Bein» und immer wieder ihrem «Bein», von ihren bescheidenen Hoffnungen... auf Post und auf einen Paß, das Visum für eine Reise in den Westen.

Sie schreibt von ihrer Familiengeschichte, vom Gerichtsschreiber Müller, ihrem Großvater, von Heckrot, dem Schwerathleten, und Henning, dem Leichtathleten, ihren früheren Liebhabern; sie schreibt von Mythen und Sagen, der Kyffhäuser liegt vor der Tür, von deutscher Geschichte und zugleich von ihrer Altersgeilheit und der Bosheit, die sie mit den Jahren entwickelt: «Nachbars hatten ein Meerschweinchen, das kroch den ganzen Tag im Garten rum, ich habe es erlöst, einer meiner Blumentöpfe fiel runter, Du nimmst mir das doch nicht übel. Ersatz leisten, wer bin ich wer, zur Bestattung einen alten Schuhkarton gestiftet basta.»

Ein, ohne Zweifel, ebenso monotones wie monomanes Unterfangen. Besessen in jeder Hinsicht. Es gibt nur wenige Passagen, die zaghaft einen kleinen, dünnen Handlungsfaden auslegen: die verrückte Liebesgeschichte der alten Gertrud mit einem verheirateten jüngeren Mann; eine seltsame Schweiz-Reise unmittelbar vor Ausbruch des Zweiten Weltkrieges. Ansonsten: Inventur.

Die Erinnerungen, die dieses halbverkalkte Hirn gespeichert hat, werden (ungeordnet) ausgeschüttet und verstreut: Die Schwierigkeiten mit dem Stuhlgang, die Schmerzen im Bein, die frühen Erfolge in der Leichtathletik, die tagtägliche Anstrengung, aus dem Bett zu kommen, überhaupt nur aufzustehen, die Rückblenden auf Wanderungen und Ausflüge und auf die versäumten Gelegenheiten, auszubrechen, den ganzen Schlamassel stehen- und liegenzulassen. Alles geht, wie im Kopf von Gertrud, kreuz und quer, chaotisch durcheinander.

Es ist (fast) unvorstellbar, was Schleef auf diesen beinahe neunhundert Seiten an Details, Nichtigkeiten und Banalitäten ausbreitet. Jeder Versuch, in dieses Chaos auch nur eine grobe, vorläufige Ordnung hineinzubringen, muß hoffnungslos scheitern. Schleefs «Jahrestage» (seiner Gertrud) folgen keiner Chronologie, sie wirbeln Zeiten und Fakten, Vergangenheit und Gegenwart konsequent durcheinander.

Jeder Abschnitt setzt gleichsam wieder von vorn an. «Ich lese Wort für Wort nacheinander, mein Gehirne streikt, endlich gemerkt, wer sich weigert erinnern.» Höhepunkte und Niederschläge dieses Lebens, Euphorie und Depression sind auf Stummelsätze verteilt und in den zähen Fluß des Monologs eingeflossen. Doch diese Monomanie erzeugt einen Sog, der immer mächtiger wird. Je mehr man sich auf die Sprachbewegung einläßt, desto deutlicher lassen sich einzelne Strömungen erkennen, Unterströmungen schließlich.

Im Gebrummel der alten Frau wird plötzlich eine Melodie hörbar, die ihren Rhythmus verändert. Da klingt etwas nach: die Müdigkeit des Alters, das allmähliche Absterben der Gefühle, die Härte hinter den Gedankenfetzen. Und am Ende wird sichtbar, daß sich das Chaos zwar keiner anderen Ordnung, aber einer genauen Konstruktion verdankt. Es bleiben: neunhundert Seiten Geschwätz, doch kein einziges Wort dieses Geschwätzes ist überflüssig.

Dieser breite, zähe Sprachfluß, der unterschiedslos alles mit sich führt, spült schließlich unsere herkömmliche Vorstellung von Geschichte weg. Geschichte löst sich in Dinge und Empfindungen auf, in Stimmungen und Gegenstände, wird sinnlich und greifbar auf weite Strecken zur Leibesgeschichte einer Frau. «Meine Kindheit fiel ins Kaiserreich, der Sportplatz in die Weimaraner, die Ehe auf Hitler unds Alter in die DDR. Wohin mein Kopp. Viermal Deutsches Reich, das 5. ist 2 Meter lang.»

Der Anspruch, mit dem zum Beispiel die Gestalten Martin Walsers, diese boden(see)stämmigen Zürns und Horns ebenso bescheiden wie elegant antreten, nämlich eine Geschichtsschreibung des Alltags zu liefern, dieser Anspruch wird von Einar Schleef unterlaufen und überboten. Schleefs «Gertrud» ist ein gesamtdeutscher Roman und ein Roman der deutschen Teilung. Er ist Heimatliteratur, eine Stadtgeschichte von Sangerhausen, dem Geburtsort des Autors: «Nie mehr zurück, das verwinden, fliehen bis man ein eigenes Zuhause hat, was einen erstickt und auffrißt», heißt es in Schleefs Photoband «Zuhause» und könnte auch ein Motto der beiden «Gertrud»-Bände sein.

«Gertrud» beschreibt kein typisch deutsches Schicksal, das irgendwie und irgendwo exemplarisch wäre, sondern das Leben von Gertrud Hoffmann, in ihrer besonderen Sprache, dem «Koberlatein», das in der Überlieferung von Sangerhausen, in den Köpfen der alten Leute aufbewahrt ist.

Die Besessenheit, mit der Einar Schleef schreibt, war stets eine Erkennungsmelodie großer Literatur. Jeder Versuch, solche Literatur auf ihre psycho-pathologischen Motive zu bringen, läuft an der Rigorosität dieser Werke auf. Mit «Gertrud» hat sich Einar Schleef einen Platz in dieser Literatur erschrieben, und zwar ziemlich genau in der Mitte zwischen Uwe Johnson und Samuel Beckett.

Der gewaltige Wälzer bleibt eine Zumutung. Die Lektüre zahlt sich nicht einmal in griffigen Formeln, transportfesten Einsichten, neuen Informationen aus. Dafür bleibt etwas anders zurück: ein ganzes Leben – im Koberlatein der Geschichte geschrieben.

9
«Aus dem Bewußtsein meiner Magengrube»

Wolfgang Hilbig: «Der Brief»

Der erste Eindruck täuscht, wie so häufig, auch hier.

«Es war ein nicht eben großer Mann um die Vierzig, der zuviel aß und noch mehr trank, eine Gewohnheit aus den Jahren, in denen er als Heizer physisch schwer gearbeitet hatte, und die er beibehielt, als er nur noch unbeweglich am Schreibtisch saß. Er war kräftig, aber von gequälter Langsamkeit, ein Mensch mit weichgewordenem Fleisch an Schultern und Bauch, mit Falten unter den Brustwarzen und Speckwülsten an den Lenden. Mit einem breiten Gesicht, das schon etwas zerflossen und teigig wirkte, mit langem fettigem Haar, das Schuppen und Schrunden abwarf, ein Mensch mit kurzatmiger Lunge, der verschwitzt und hustend aufstand und dennoch Zigaretten rauchte, bevor er zur Zahnbürste griff, ein Mann, dessen Penis morgens auf Grund von Urinandrang sichtbar war, sich aber nach dem Weg zur Toilette ins Innere des überhängenden Unterkörpers zurückzog.»

Hinter dieser massigen, grobschlächtigen Gestalt läßt sich, unvermutet, ein Schriftsteller entdecken. Ein Autor, der aus einer Arbeiterfamilie stammt, selbst – lange Jahre – Arbeiter war und jetzt, «aus dem Bewußtsein meiner Magengrube», über sich, seine Herkunft, seine Arbeit, über die Arbeiter, seine Klasse schreibt. Ein Autor, der konsequent und kompromißlos schreibt, weil er schreiben muß, weil er – jetzt – anders als schreibend nicht mehr leben kann. Das mag pathetisch klingen und benennt doch nur die ebenso schlichte wie brutale Tatsache: den Schreibzwang.

Dieser Autor, der bislang drei Bücher bei uns, in der Bundesrepublik, und (1983) ein kleines, schmales Bändchen in der DDR veröffentlicht hat, erscheint, um der Wahrheit die Ehre zu geben, als regelrechter Glücksfall – für die DDR: als eine ungeplante, etwas späte und daher auch unerwartete Bestätigung des Bitterfelder Weges.

Dieser Autor, Wolfgang Hilbig, ist 1941 in Meuselwitz bei Leipzig geboren, wo reiche Braunkohlevorkommen direkt unter der Erdoberfläche liegen und im Tagebau gefördert werden. Er ist in der Bergarbeiterfamilie seines Großvaters aufgewachsen, hat nach der Schule «etwas» gelernt, Dreher nämlich, hat in seinem Beruf, aber auch als Bauarbeiter und Schlosser, und vor allem, lange Jahre, als Heizer gearbeitet (seine Erzählung «Der Heizer», in dem 1982 bei Fischer erschienenen Band «Unterm Neomond», beschreibt, durchaus mit Rücksicht auf den bekannten Kollegen, Kafkas Heizer, diese Zeit).

Also wirklich ein Glücksfall, für die DDR, so sollte man (als bürgerlicher Betrachter) meinen.

Doch die Wege der Herren sind sonderbar. Hilbig hatte, eine Zeitlang, große Schwierigkeiten, die – vielleicht – noch immer nicht ganz ausgestanden sind, obwohl Ende 1983 bei Reclam (Leipzig) ein schmales Bändchen mit Prosa und Gedichten erscheinen konnte (durfte), obwohl Franz Fühmann, dem viele junge DDR-Autoren viel zu verdanken haben, kurz vor seinem Tod für Hilbig mächtig in die Bresche gesprungen ist.

Es gibt, schrieb Fühmann, und da war noch keine Zeile von Hilbig in der DDR erschienen, einen «Dichter, der ein Arbeiter ist und mit der Wucht der Elemente wie mit der von Haar und Traum umgeht und die Würde der Gattung Mensch auch in der Latrinenlandschaft bewahrt; ein großes Kind, das mit den Meeren spielt; ein Trunkener, der Arm in Arm mit Rimbaud und Novalis aus dem Kesselhaus durch die Tagbauwüste in ein Auenholz zieht, dort Gedichte zu schreiben, darin Traum und Alltag sich im Vers vereinen und die in ihren Rhythmen und Klängen Ausdruck dieser Vereinigung sind».

Dieser Hinweis könnte, so fürchte ich, entgegen Fühmanns Absicht richtig verstanden worden sein, als Hinweis nämlich auf eine ebenso exklusive wie explosive Verbindung. Hilbig ist ein radikaler und auch radikal engagierter Schriftsteller, unbestechlich, eigensinnig und (wie man in seiner Heimat meint: auch) starrköpfig. Er läßt sich, hüben wie drüben, nicht beirren, nicht durch die Preise, die er hier empfangen (Brüder-Grimm-Preis, 1983; Förderpreis der Akademie der Künste Berlin/West, 1985), nicht durch die Prügel, die er dort bezogen hat.

Hilbig, das gerade Gegenteil eines sog. Arbeiterschriftstellers, muß als ein schwieriger Autor bezeichnet werden, auch wenn er sich selbst nur als eine «Art Pseudointellektuellen» begreift: Seine Erzähler, seine Figuren sind wie kaum ein hiesiger Bildungsbürger, wie keiner der Diamat(t)-motivierten Erbe-Sozialisten, süchtig nach «Geist», süchtig wie selbst nur noch wenige Literaten nach «Literatur». Hilbig hat, schreibend, den Boden unter den Füßen verloren, und er versucht nun, schreibend, sich an der Sprache festzuhalten, an einer Sprache, die nicht die seine ist und es auch nie werden kann.

Hilbig weiß, daß sich schon der Begriff des «Arbeiterschriftstellers» dem Bildungsbürgertum verdankt: «Der in Mitleid verwandelte Masochismus des Bildungsbürgertums geht so weit, den Geist eines solchen Talents», das in den «unteren Klassen gesichtet» wird, «als unverfälscht zu bezeichnen, wo doch gerade das Gegenteil der Fall ist». Hilbig kennt seine Republik und macht sich keine Illusionen: «Man muß nicht glauben, daß ich etwa nur vom Kapitalismus spreche.» Er durchschaut den Schein, auch im Westen. Zudem hat er, am eigenen Leib, erfahren: «Weder zum Arbeiter noch zum Schriftsteller wird man nämlich freiwillig, und womöglich liegt darin der Grund, daß diese beiden Existenzformen etwas miteinander Unvereinbares haben.»

Hilbig weiß also, kurz gesagt, daß er, exakt, zwischen den Stühlen sitzt, und zwar direkt vor einer Klassenschranke, die er – in seinem Leben wie in seinem Schreiben – nicht überwinden kann. Aus dieser Stellung erklärt sich dann die Schwierigkeit seines Schreibens, «wie alles alte und überwundne / sich in mir sammelt und gärt». Die Notwendigkeit, immer wieder, von vorn anzufangen: «Ich müßte mit sehr frühen biographischen Einzelheiten beginnen, diese aber haben sich aufgelöst in einer Art Legende, deren Schöpfer nicht ich war.»

Dieser «Dichter» aus der DDR (ich benutze den Begriff trotz der steilen Karriere, die er in den letzten Jahren wieder gemacht hat) will kein «unverfälschtes Talent» sein, das sich seine Leidensgeschichte von der Seele schreibt, wie beispielsweise die beiden österreichischen Autoren Innerhofer und Wolfgruber, wie die Scharen der Selbsterhaltungsapostel im weinerlichen Nachklang der Studentenbewegung.

Hilbig hat Schwierigkeiten, auch mit seinem Material, seiner eigenen Lebensgeschichte. Er kann sich schreibend nur in dem Zwiespalt bewegen, in der «entzweiten Sprache»; er kann schreibend immer nur den Bruch umkreisen, der sich – ihm – nicht als Zäsur, sondern als fortdauernder Prozeß darstellt.

Seine Erzählungen, besonders die neuen Erzählungen, die jetzt in dem Band «Der Brief» erschienen sind («Beschreibung II», «Der Brief» und «Die Angst vor Beethoven»), folgen einer eigenartigen Logik, die nicht dem Gang der Handlung verpflichtet ist, sondern, umgekehrt, das, was man Handlung nennen könnte, allererst erzeugt. Eine, wenn man so sagen darf, schizophrene Logik, mit paranoischem Akzent. Eine Art Krankheitsbild, das freilich nicht dem Autor, seinen Erzählern, seinen Figuren anzulasten ist, sondern allein den Verhältnissen, in denen sie leben. «Ich bin nicht schizophren ... viel eher noch wollte ich, ich wäre es.» Diese Diagnose unterläuft jede Psychologie.

Nur mit einiger Mühe ließe sich der Handlungsfaden dieser drei Erzählungen beschreiben. Doch die, gleichsam äußerliche, Handlung, die durchaus etwas über die gegebenen Verhältnisse verrät, bleibt nebensächlich: Die eigentliche Handlung, das wirklich Spannende, spielt sich darunter ab. In einem kalkulierten Durcheinander von poetischen Bildern und Zwangsvorstellungen, von essayistisch-theoretischen Überlegungen und realistischen Beschreibungen. Etwas pompös gesagt: Erst in der Diskontinuität der sprachlichen Bewegung gewinnen die Erzählungen ihre Einheit.

Alle drei 1980/81 entstandenen Erzählungen wollen als eine einzige Geschichte gelesen werden, und zwar als eine Geschichte, in der uns der «Wahnsinn einen Brief aus dem Zwielicht schreibt». In diesem Wahn-System verschmelzen Autor, Erzähler und Figuren. Denn Hilbig spielt nicht mit der Fiktion. Er erfindet nichts. Er schreibt, wenn er schreibt, immer von sich selbst, von seinen Erinnerungen, seinen Erfahrungen, seinem Leben als Arbeiter, von seinem Leben als (eher vogel-)freier Schriftsteller. Doch hier ist Vorsicht geboten, das Autobiographische bleibt Material. Weder Autor noch Erzähler behaupten eine, sei es ungebrochene, sei es auch nur beschädigte, Identität. Sie sprechen beide mit mehreren, verschiedenen Stimmen, sie widersprechen sich laufend, sprechen in den Texten miteinander, übereinander.

«Er hat», heißt es einmal bezeichnend, «durch die Zerfaserung seiner Identität der Geschichte selber so schwere Lücken und Unklarheiten zugefügt, daß ich vieles aufzufüllen oder zu retuschieren gezwungen war.» Das heißt: der Stoff ist autobiographisch, aber die (vermeintliche) Einheit der Lebensgeschichte ist zerfallen, aufgelöst (auch) in der «notorisch mit sich selbst entzweiten Sprache». Die Autobiographie wird aufgehoben – in der Sprache. Leben wird Literatur. Aber: «jeder Satz» spiegelt «endlos» die «Unfähigkeit», «eine reale Existenz zu gewinnen».

Hilbig hat, wie mir scheint, erst an der Literatur, an E. T. A. Hoffmann, an E. A. Poe, an Kafka, abgelesen, was «Leben» ist und womöglich sein kann. Die Erzählung «Der Brief» beschreibt die Stationen dieses Prozesses: eine «unersättliche Sucht nach dem Geist», und, darauf folgend, die enttäuschende Einsicht, daß sich dahinter «die Sucht nach dem Trivialen» verbarg; beschreibt, wie der Begeisterung das Entsetzen folgte – bis hin zur Lähmung jedes weiteren eigenen Schreibversuchs.

Auch deshalb sind seine Texte so vertrackt. Einer seiner Erzähler beklagt einmal die «Graphomanie», die sicher ebenso für den Autor gilt. Doch keiner dieser Texte läßt sich auf einen, sei es auch existentiellen Schreibzwang zurückführen. Seine Erzählungen begründen sich weder moralisch noch politisch, sondern allein ästhetisch. Die drei Erzählungen des neuen Buches liefern, jede für sich und alle zusammengenommen, ihre eigene Begründung mit, weil Hilbig – schreibend – versucht, die Voraussetzungen seines Schreibens einzuholen.

Natürlich lassen sich an diesen Erzählungen auch die politischen Erfahrungen ihres Autors ablesen. Hilbig hat schließlich, wie schon gesagt, nicht die besten Erfahrungen mit den Behörden seines Landes gemacht. Man tut sich da drüben schwer, den Glücksfall als solchen zu erkennen. Funktionäre, wo auch immer, sehen es ungern, wenn ihr Bild der Wirklichkeit von der Realität getrübt wird. Und Hilbig schreibt gleichsam «vor Ort» über die Arbeiter, ihr Klassenbewußtsein und, besonders eindringlich, über die Angst des Arbeiters (= «das größte Potential von ungelöster Angst»). Was er schreibt, das stimmt halt mit der herrschenden Vorstellung vom realen Sozialismus ebensogut zusammen wie mit der bundesrepublikanischen Ansicht vom Verschwinden der Klassenverhältnisse.

Hilbig ist zum Literaten geworden und deshalb: politisch. Er meint es ernst – mit der Literatur. Bei ihm gewinnt das Moment des Spiels, die Bedingung der Möglichkeit jeglicher Literatur, jenes Maß an Verbindlichkeit zurück, das große Literatur von jeher ausgezeichnet hat. Der Preis war stets derselbe, bei Flaubert, bei Rimbaud, bei Kafka, bei Robert Walser. Ich will damit nicht behaupten, daß Wolfgang Hilbig bereits an diese Vorgänger (seine Vorbilder) heranreicht. Nur: er geht den gleichen Weg, und den Preis hat er bereits bezahlt. Das läßt sich an den drei Erzählungen seines neuen Buches ablesen.

10
Auf der Suche nach dem verlorenen Paradies

Vladimir Nabokovs Vorlesungen über «Die Kunst des Lesens»

Ein russischer Dichter, der englisch schreibt und als amerikanischer Professor für europäische Literatur(en!) unter anderem in Harvard lehrt; ein Petersburger Aristokrat, der im Berlin der zwanziger Jahre auch vom Tennisunterricht lebt; ein weltberühmter Schriftsteller («Lolita»), der in zoologischen Fachkreisen als Lepidoptorologe, das heißt Schmetterlingsforscher bekannt(er) ist: Vladimir Nabokov, ein Weltbürger, der zwischen den Kulturen gelebt hat, immer im Exil.

«Jene trüben Landschaften mit den welken Weiden entlang elend verschlammter Wege, die grauen Krähen unter grauen Wolken, der plötzliche Hauch einer ganz gewöhnlichen Erinnerung an eine ganz gewöhnliche Ecke – all dies pathetisch Verschwommene, diese schöne Schwäche, diese taubengraue Tschechowsche Welt ist es wert, wie ein Schatz festgehalten zu werden, angesichts des blendenden Lichts dieser starken und sich selbst genügenden Welten, die uns die Anbeter totalitärer Staaten versprechen.»

Tschechows Geheimnis beruht darauf, schreibt Nabokov weiter, «daß er über all seine Wörter dasselbe Dämmerlicht und genau dieselbe Abschattierung von Grau ausgießt, die zwischen der Farbe eines alten Zaunes und der einer niedrighängenden Wolke liegt.»

Es sind die Bilder der Kindheit, Wyra, der Landsitz der Familie, südlich von St. Petersburg, seine eigenen Erinnerungen, die hier mit heraufbeschworen werden; die Sommernächte in der Steppe, die russische Landschaft, die Birkenwälder und noch der trübe Herbsttag in der Stadt, dem heutigen Leningrad, «der seinem Bild in einer Pfütze

Modell stand»; das verlorene Paradies – einer Kindheit, das schreibend erinnert, im Schreiben vergegenwärtigt wird. Literatur: als Ort der Utopie. Nicht in dem neuerlich/nostalgischen, eher im Blochschen Sinne von Heimat, dem eines Noch-nicht, das jedoch schon einmal, am Ursprung erschienen, vielleicht nur aufgeblitzt war: als eine bildhafte Vorstellung von Glück.

Literatur, große Literatur läßt immer diese Möglichkeit, die Möglichkeit eines gelungenen Lebens aufscheinen, heutzutage gewiß immer seltener, immer versteckter und auch immer schwerer zu entziffern.

Jeder (wie Nabokov sagen würde: wirkliche) Leser kennt den Augenblick, an dem ein einfacher, scheinbar ganz gewöhnlicher Satz beginnt zu leuchten, auszustrahlen, und sein Licht auf die eigene Lebensgeschichte zurückwirft.

Solche Erfahrung setzt allerdings voraus, daß die ‹Kunst› der Literatur auf die «Kunst des Lesens» trifft und damit, zum Beispiel, auf Vladimir Nabokov.

Nabokov lehrt, Lesen zu lernen. «Die Kunst des Lesens», seine Vorlesungen über «Meisterwerke der europäischen» und der «russischen Literatur», sowie, eben als dritter und letzter Band erschienen, «Cervantes' ‹Don Quijote›», liegen jetzt geschlossen in deutscher (und guter) Übersetzung vor. Diese Vorlesungen wollen keine Diskussion in Gang bringen, keine Kenntnisse ausbreiten, keine Informationen vermitteln; sie wollen nur anstiften zu einer abenteuerlichen Entdeckungsreise, die Lust am Text, das Begehren wecken, die reine Begeisterung an dem schönen Schein zwischen Wunsch und Wirklichkeit.

Als Vladimir Nabokov am 20. Mai 1940 in St. Nazaire, an der französischen Atlantikküste, den Passagierdampfer Champlain nach New York bestieg, nahm er «hundert Vorträge – insgesamt etwa 2000 Seiten – über russische Literatur in Aufsatzform» und «weitere hundert über große Romanciers von Charles Dickens bis James Joyce» mit an Bord. Eine weise Voraussicht. «Das hat mich in Wellesley und Cornell», zwei berühmten Colleges der amerikanischen Ostküste, «zwanzig Jahre lang in Lohn und Brot gehalten» – schreibt er später. Das sind die Fakten. Doch sind die Vorlesungen, die er an diesen amerikanischen Universitäten, Harvard eingeschlossen, im Laufe von zwanzig Jahren gehalten hat, von unseren (akademisch verbohrten) Vorstellungen von Literaturwissenschaft noch weiter entfernt als Wyra, der Landsitz bei Petersburg, wo der junge Nabokov die großen Schriftsteller des 19. Jahrhunderts für sich entdeckt hat, von den neuenglischen Colleges in Massachusetts.

Diese Vorlesungen sind durchdrungen von den Obsessionen und Idiosynkrasien ihres Autors, seiner wilden Begeisterung, seinen nirgends verbrämten Abneigungen – gegen einen Thomas Mann, der ihm als bloßer Schwätzer galt, gegen einen Jean-Paul Sartre, den, wie er sagt, «französischen Journalisten» und «mittelmäßigen Nachahmer» Dostojewskis, gegen Dostojewski selber, einen mediokren Romancier, der das Zeug zu einem begabten Dramatiker gehabt hätte, nicht zuletzt gegen diese Sturzbäche von Philologenschweiß, die in der Sekundärliteratur versickern: «Viel Worte, wenig Sinn.» Nabokovs Urteile sind drastisch, dafür unzweideutig. Ein Kapitel des «Don Quijote» bringt er auf die gleiche Formel, die er sich auch für jegliche Spielart politisch/soziologischer Literaturbetrachtung zurechtgelegt hat: «Idiotisch.» Literatur muß, so seine unerschütterliche Überzeugung, von jeder sozialen Verpflichtung freigehalten werden. «Literatur ist immer Erfindung.» Wer eine Geschichte auch nur ‹wahr› nennt, «beleidigt Kunst und Wahrheit zugleich». Die Psychoanalyse und mehr noch Sigmund Freud, ihr Begründer, «der Wiener Quacksalber», den er als Prügelknaben durch sein gesamtes Werk treibt, werden mit einer Penetranz verhöhnt, die jede ‹Deutung› überflüssig macht. Seine Ansichten sind bestimmt: «Stil und Aufbau machen das Wesen eines Werkes aus; große Ideen sind dummes Zeug.» Punktum. Nabokov liebt den deutlichen Ausdruck, notfalls «das breitarschige Geschöpf einer Posse». Und der Hinweis, den er seinen Studenten gibt: «Also, hier wird nicht geredet, geraucht, gestrickt, geschlafen oder Zeitung gelesen, und schreiben Sie mit», gilt, etwas modifiziert, auch für den Leser der selbst für amerikanische Verhältnisse ungewöhnlichen Vorlesungen. In anderer Hinsicht hat sich der Russe, der in Amerika die europäische Literatur beschwor, den akademischen Gepflogenheiten angepaßt und auch dann noch seinen Blick gehoben und gesenkt, wenn er, nur auf einige Notizen gestützt, frei ins Auditorium sprach. Allerdings hat sich Nabokov immer gründlich, pedantisch fast auf diese Vorlesungen vorbereitet, zum Beispiel regelrecht ausgerechnet, «daß das anerkannt Beste in der russischen Literatur, das seit Anfang des vorigen Jahrhunderts entstanden ist (erzählende

Dichtung und Lyrik zusammengenommen), etwa 23000 Druckseiten ausmacht». Er hat, in englischer Tradition sportlich erzogen (es gibt einige Fotos von Fußballmannschaften, auf denen Nabokov als Tormann zu erkennen ist), von früh an ein passionierter Tennisspieler, die heutigen Weltranglisten vorweggenommen und statt McEnroe, Lendl und Becker Tolstoi, Gogol und Tschechow auf die ersten Plätze gesetzt. Zweitklassiges, für ihn schon Dostojewski und Gorki, wischte er mit herrischer Geste einfach beiseite. Die ganze sowjetische Literatur ist ihm gerade noch einen Seitenhieb wert: «massenweise über den Ladentisch geschobene Schinken», das Resultat der «undankbaren Aufgabe», ein «spannendes Handlungsgeflecht für ein Werk zu knüpfen, dessen Ausgang dem Leser von vorneherein amtlich bekannt ist». Widerspruch wird nicht erwartet. Über solche Literatur, über die Psychoanalyse und über die Sowjetunion hat Nabokov, Russe, Weltbürger und Kalter Krieger in Personalunion, nie mit sich reden lassen. Ein «Schwachkopf» freilich, wer glaubt, sein Haß auf die «sowjetische Diktatur» habe etwas mit «Besitzfragen» zu tun, behauptet er in seiner Autobiographie. «Für einen Emigranten, der ‹die Roten haßt›, weil sie ihm Geld und Land ‹gestohlen› haben, empfinde ich nichts als Verachtung. Die Sehnsucht, die ich all diese Jahre gehegt habe, ist das hypertrophische Bewußtsein einer verlorenen Kindheit, nicht der Schmerz um verlorene Banknoten.» Ein Schmerz, der verständlich gewesen wäre, denn die Nabokovs zählten zu den reichsten Familien des alten Rußland. Allein zum Petersburger Haushalt gehörten an die fünfzig Dienstboten, Hauslehrer, Gouvernanten, Chauffeure. Der Reichtum war selbstverständlich. Er hat Nabokovs Vater, immerhin Sohn eines zaristischen Justizministers und selbst ein renommierter Jurist und Publizist, aber nicht davon abgehalten, gegen dieses System zu opponieren, obwohl er damit half, wie die Großmutter «richtig voraussah», eine «Revolution» herbeizuführen, die ihn «am Ende bettelarm» machen sollte. Geld spielte keine Rolle und nach der Flucht, auf einem schäbigen Frachtdampfer, als keines mehr da war, erst recht nicht. Nabokov erwähnt es nebenher, klagt nie und nirgends. Er gibt Tennisunterricht, schlägt sich so durch als Sprachlehrer (man behauptet sogar: als Boxlehrer), in Berlin, später Paris. Er bereitet seine Vorlesungen vor, von denen er in Amerika leben will – und lebt, bis ihm, 1958, der Welterfolg von «Lolita» erneut die finanzielle Unabhängigkeit sichert und er sich zurückziehen kann in das

Palace-Grand-Hotel von Montreux am Genfer See. Der berühmte Schriftsteller, der im hohen Alter, mit kurzen Hosen und einem Schmetterlingsnetz bewaffnet, durch den geräumigen Park jagt, verkörpert noch dort seine Vorstellungen von Zweckfreiheit.

Erst aus dieser Konstellation – durch Kindheit, Schmetterlinge und Literatur bezeichnet – läßt sich sein Werk begreifen: seine Romane und Erzählungen, die vorliegenden Essays.

Mit sechs, sieben Jahren begann Nabokov, Schmetterlinge zu fangen. Mit acht begann er, englisch, französisch, deutsch, die entsprechenden Standardwerke zu lesen. «In der Natur», an den Schmetterlingen, «entdeckte ich», so schreibt er später, «die zweckfreien Wonnen, die ich in der Kunst suchte. Beide waren eine Form der Magie, beide waren ein Spiel intrikater Bezauberung und Täuschung.» Diese Elemente, Spiel, Bezauberung, Magie, sind Bausteine seiner Poetik geworden; sie gelten für sein eigenes Werk wie für seine Analysen der «Meisterwerke» der Weltliteratur. Der Anspruch ist hoch, die Grenzen sind eng gesteckt: «Zahlreiche anerkannte Autoren existieren für mich einfach nicht. Ihre Namen stehen über leeren Gräbern, ihre Bücher sind Attrappen.» Nabokov hält an der Autonomie der Literatur fest wie ein Herrchen an seinem Hund, murrend, ohne nach rechts oder links zu blicken. Literatur sei, meint er, zu Zeiten der Neandertaler entstanden, «als ein Junge gelaufen kam und schrie, ein Wolf verfolge ihn, ohne daß es an dem war». Literatur sei also immer Erfindung, das Erdichtete immer Erdachtes, mit einer anderen, nämlich eigenen Wahrheit. «Der kleine Schauer, der uns über den Rücken läuft, ist gewiß die höchste Form innerer Bewegung, welche die Menschheit bei der Entwicklung zweckfreier Kunst und Wissenschaft erreicht hat.»

Die Literatur, die für ihn allein zählt, ist die erzählende Literatur des 19. und frühen 20. Jahrhunderts. (Schon Joyce, meint er, sei trotz einiger «äußerlicher Neuerungen» keinen Schritt weiter gekommen als Flaubert.) Daß diese «wirkliche Kunst» des «individuellen Genies», zeitlos versteht sich, auf ewigen Werten aufsitzt, stört ihn nicht. Daß sich die Bedingungen des Erzählens seither verändert haben, daß zumal jene (in sich schon fragwürdige) Vorstellung von Autonomie heutzutage sicher nicht mit konventionellen Erzählweisen zu realisieren ist, übersieht er, mit strengem Blick von oben herab. Zwischen Georg Lukács, dem ungarischen Marxisten und Literaturtheoretiker, und Nabokov, dem Vorkämpfer für die alte Literatur, bestehen nur minimale Differenzen. Nabokovs ästhetische Anschauungen sind so stockkonservativ, daß es nur einiger Begriffs-Etiketten bedürfte, um sie der gegenwärtigen sowjetischen Kulturpolitik zu integrieren.

Für ihn gilt der Satz von Gottfried Benn: «Entweder es giebt die Kunst, dann ist sie autonom, oder es giebt sie nicht, dann wollen wir nach Hause gehen.» Nach Hause gehen, das will er nicht, im Gegenteil. Nur: wer theoretische Erwartungen an diese Vorlesungen knüpft, kann gleich zu Hause bleiben und sich auch die Lektüre sparen. Die Grundlage, auf der sich Nabokov bewegt, ist brüchig. Die Positionen, die er bezieht, sind wahrlich indiskutabel.

Allerdings spricht Nabokov auch nicht *über* Literatur (die wenigen programmatischen Äußerungen, die ich reichlich zitiert habe, können leicht ein falsches Bild ergeben). Nabokov geht ganz entschieden zur Sache. Er urteilt hart, und wenn es sein muß, auch ungerecht. Er versucht, den Literaturbetrieb – subversiv – zu unterlaufen, sucht die Konfrontation mit dem gesunden Menschenverstand. Literatur, richtig gelesen, habe noch heute die Sprengkraft einer «Bombe», und warum, fragt er weiter, sollten wir diese Bombe «nicht genau über der Mustersiedlung des gesunden Menschenverstands abwerfen?»

Warum nicht, fragt sich?

Man sieht ihn geradezu, wie er seine Notizen beiseiteschiebt, aufblickt, um frei zu seinen Hörern zu sprechen, seine Hörer/Leser auffordert, bei Tolstoi, Kafka, Dickens und Flaubert nachzuschlagen, zu lesen. Wie er in sie dringt: richtig, langsam, genau zu lesen. «Wer liest, sollte liebevoll auf Einzelheiten achten.» Anderenfalls sollte er es lassen. Nichts gegen den «Mondschein der Verallgemeinerung», zeigt er sich erst, nachdem die «sonnigen Kleinigkeiten» zusammengetragen wurden.

«Damit können wir endlich», wie Nabokov einmal trocken bemerkt, «das Thema ‹Vermischtes› wohl abhaken» – und uns den Vorlesungen selber zuwenden. Sein «Interesse gilt ja den Büchern, nicht deren Verfassern».

Die penible Genauigkeit seiner Analyse zielt auf das Handwerkliche der großen Dichtung und beschreibt dennoch den «Zauber der Poesie». So lassen zum Beispiel die lyrischen Abschweifungen Gogols durch ihre Vergleiche Gestalten entstehen. «Es heißt», schreibt Gogol, «daß ein Ertrinkender nach einem Strohhalm greift, weil er in dem

Augenblick nicht über die Geistesgegenwart verfügt, sich zu sagen, daß kaum eine Fliege hoffen dürfte, sich damit lebend ans Ufer zu retten, wohingegen er fast hundertfünfzig, wenn nicht zweihundert Pfund wiegt.» Nabokov schreibt: «Wer ist jener unglückselige Mensch, der im Wasser zappelt und dabei unversehens zunimmt, sich vom Mark einer Metapher nährend? Wir werden es nie erfahren – doch beinahe hätte er es geschafft, in Gogols Erzählung Fuß zu fassen.» Es geht in diesen Vorlesungen also nicht um richtige oder falsche Interpretation oder gar um die Methode, das eine zu erreichen, das andere zu vermeiden, es geht allein um das intrikate Spiel der Bezauberung, um die Glückserfahrung, die sich in die sprachlichen Gebilde eingeschrieben hat. So nennt er «Mansfield Park» von Jane Austen, wie alle großen Romane, «ein Märchen», eine völlig geschlossene, eigene Welt, an deren Entstehung wir teilhaben können, wenn wir von den Einzelheiten aus, hier etwa dem «Grübchen-Stil» (das ist die Prise Ironie zwischen den Bestandteilen einer neutralen, sachlichen Aussage), über die Verflechtung der Motive und Figuren uns dem Ganzen nähern. Dort, wo die Geschlossenheit aufgebrochen ist, Fanny zum Beispiel, die Heldin, von Mansfield Park nach Portsmouth geschickt wird, damit alles, was sich jetzt «hinter den Kulissen» abspielt, in Briefform (also referierend) nachgetragen werden muß, dort setzt Nabokovs Kritik an. Und zwar an dem, was er «die Form einer Erzählung» nennt: «Einmal haben wir ihre Struktur, das heißt die Entwicklung einer vorgegebenen Fabel, sowie die Gründe dafür, warum diese oder jene Richtung verfolgt wird; dann haben wir die Wahl der Gestalten einer Erzählung und die Weise, wie der Autor sie einsetzt; ihre Interaktion, ihre verschiedenen Motive, die sich daraus ergebenden thematischen Linien und deren Überschneidungen. (...) Kurz gesagt: Struktur ist das geplante Grundmuster eines Kunstwerks. Ein weiterer Aspekt der Form ist der Stil, womit gemeint ist: *wie* funktioniert die Struktur.» Diese vom Stil ausgehende Wirkung erscheint Nabokov als «(magischer) Schlüssel», der alle große Literatur erschließt.

Was üblicherweise stinklangweilig gerät, die Untersuchung formaler Probleme, wird hier zur spannenden Unternehmung. Die Frage, warum «diese oder jene Richtung» eingeschlagen wurde, ob der «Perry» (ein Golfkarren; nach ihm nennt Nabokov Figuren, die den Erzähler an ihm sonst unerreichbare Orte bringen) tatsächlich benötigt wurde, die Frage, ob das «Gewebe» so dicht ist, wie es sein könnte oder sollte, solche Fragen lassen plötzlich ihre (üblicherweise überlesene) Bedeutung erkennen. Mit (fast) erotischer Leidenschaft, einem feinen Gefühl für Sprache und Stil, mit analytischem Verstand, detektivischem Scharfsinn und einer ganz kindlichen Begeisterung seziert Nabokov seine Texte, um ihre Schönheit freizulegen. Er verfolgt die Wechselwirkung von Licht und Schatten, wie sie Turgenjew als erster russischer Autor bemerkt hat. Er überprüft Flauberts Anspruch: «Ein guter Prosasatz müßte wie ein guter Vers eines Gedichts sein, etwas, das man nicht ändern kann, und von ebensolchem Rhythmus und Wohlklang.» Dieser Maxime folgend, habe Flaubert aus dem schieren Mittelmaß die höchste Vollkommenheit geschaffen. Er sucht den «kleinen, aber unendlich kostbaren Vorrat» an sinnlichem Denken im «Don Quijote» (denn: «sinnlich Denken» ist nur «eine andere Formulierung für echte, authentische Kunst»). Da geht es nicht mehr um «wirkliche» Menschen oder sogenannte Tatsachen und gleich gar nicht um irgendwelche Botschaften, die der flüssige Text abtropfen läßt, sondern nur noch um die eigene Welt der erzählten Wirklichkeit, die Wirkung des gebrochenen Sonnenlichts, um die Bedeutung des Wörtchens «sogar» (in Gogols «Mantel»), um die Unterscheidung zwischen Erzählzeit und erzählter Zeit (in Tolstois «Anna Karenina»), um Details und Kleinigkeiten, an denen sich das Ganze entscheidet.

Das Verfahren hat etwas Kriminalistisches. Nabokov beteiligt seinen Hörer/Leser an der Spuren-Suche. Die Begeisterung, mit der er bei der Sache ist, wirkt ansteckend. Und wenn dann die Indizien zusammengetragen sind, ja sogar das Urteil schon gesprochen ist, auch noch nach hundert Seiten, über Tolstoi etwa, bleibt die Neugierde, wächst das Verlangen, den Text selber – wieder oder überhaupt – zu lesen, jetzt endlich auf eigene Faust eigene Entdeckung zu machen.

Nabokovs Analyse zielt, wie gesagt, stets auf das Handwerkliche, auf die Machart der Trugbilder, das WIE. Es sind Universitätsvorlesungen, gewiß, aber völlig unakademisch, auf weiten Strecken selber Literatur.

Eine ungewöhnlich seltene Mischung. Diese Vorlesungen stehen exakt in dem gleichen Verhältnis zur herkömmlichen Sekundärliteratur wie ihr Autor, der geborene Aristokrat, zum sprichwörtlichen Buchhalter seiner Zeit. Die großzügige Gebärde, der souveräne Gestus steht zuweilen schroff neben engstirniger Kleinkrämerei. Widerspruchsfreiheit war nie sein Problem. Fasziniert vom magischen Denken, hat er schon früh einen Hang zur Mystik entwickelt und ist doch zeitlebens ein Rationalist geblieben. Er hat sich Jahrzehnte mit der Lösung von Schachproblemen beschäftigt und gleichwohl jeder Logik verschlossen, wenn es um Psychoanalyse, die Sowjetunion oder andere als die traditionellen Erzählweisen des 19. Jahrhunderts ging. Er hat sich liebevoll um die «sonnigen Kleinigkeiten» gemüht und des öfteren hoffnungslos in die Einzelheiten verstrickt. Selbst die (großartigen) Vorlesungen über die europäische Literatur, über Jane Austen, Dickens, Flaubert, Stevenson, Proust, Kafka und Joyce, wie auch die über die großen russischen Erzähler Gogol, Turgenjew, Dostojewski, Tolstoi, Tschechow und Gorki zehren zu Teilen ein wenig von dem «Ungeheuer des unnachsichtigen Alltagsverstandes», das, wie Nabokov so rigoros wie richtig meint, «als falscher Ratgeber erschossen» werden muß. Die buchhalterische Genauigkeit des Schmetterlingsforschers entpuppt sich beim Literaturhistoriker als pure Pedanterie. Don Quijotes Siege und Niederlagen, die Nabokov gegeneinander aufrechnet, sind nach dem Fontaneschen Prinzip bilanziert: die Fünfe gerade sein lassen. Überhaupt, die (mehr oder weniger) langatmige Nacherzählung sämtlicher (!) Kapitel des «Don Quijote» zahlt mit Ermüdung für Vollständigkeit. Der dritte Band dieser Vorlesungen ist sicher der schwächste. Nabokov hatte Cervantes, dem Ausgangspunkt seiner Vorträge über den (bürgerlichen) Roman, ein ganzes Semester gewidmet. An eine Veröffentlichung hat er nicht gedacht. Als ihm ein solcher Vorschlag gemacht wurde, schien er nicht abgeneigt. Doch hat er selbst nichts mehr dafür getan. Alle Vorlesungen sind aus seinem Nachlaß herausgegeben, allerdings mit viel Mühe und auch sorgfältig ediert. Diese Vorlesungen wollen und können keine Literaturgeschichte ersetzen. Sie sind ein getreues Abbild ihres Autors, seiner Vorlieben, seiner Abneigungen und vor allem seiner Liebe zur Literatur. Sie sind Teil eines Werkes, das sich der Sehnsucht nach dem verlorenen Paradies verdankt, den Bildern, die aus der Vergangenheit in die Zukunft leuchten.

Diese Vorlesungen sind, wie der glücklich gewählte deutsche Titel sagt, Einführungen in «Die Kunst des Lesens». Ein Buchstabe nur unterscheidet das Lesen vom Leben. Das kann kein Zufall sein.

11
Der goldene Apfel der ewigen Sehnsucht

Milan Kundera: Das «Buch der lächerlichen Liebe»

Als vor einigen Jahren der Münchener Hanser Verlag, für sehr viel Geld übrigens, die Rechte des Romans «Der Name der Rose» von Umberto Eco erworben hatte, munkelten die Auguren und prophezeiten, mit guten Gründen, einen riesigen Reinfall. Sie irrten.

Als der gleiche Hanser Verlag vor zwei Jahren die deutsche Übersetzung von Milan Kunderas ebenso schwierig/vertracktem wie großartigem Roman «Die unerträgliche Leichtigkeit des Seins» angekündigt hatte, war man sich in der Branche wiederum einig: das kann nicht gutgehen. Alle Versuche, Kundera, den Tschechen, der seit 1975 in Frankreich lebt, bei uns durchzusetzen, waren bis dahin gescheitert. Selbst das «Buch vom Lachen und vom Vergessen» (Suhrkamp Verlag, 1980), einer der schönsten Romane des letzten Jahrzehnts, leicht lesbar dazu, von der Kritik regelrecht bejubelt, ist im Buchhandel ein Flop geworden. Kundera ist ein Geheimtip geblieben, ein Ladenhüter.

Dann aber hat sich, aus unerklärlichen Gründen, alles geändert. «Die unerträgliche Leichtigkeit des Seins», diese höchst komplexe Komposition aus philosophischem Traktat und Liebesroman, politischem Essay und moralischem Diskurs, kurz gesagt: dieses schöne, aber schwierige Buch liegt mittlerweile bereits in der achten Auflage vor. Kundera hat, zum Glück (für uns), seine Leser auch hierzulande gefunden, wie zuvor schon in Frankreich, den USA, und einst, bis der Prager Frühling verblühte, auch in der Tschechoslowakei.

Der Erfolg sei, meinte Flaubert, eine Folgeerscheinung, und entsprechend können wir jetzt die Folgen von Kunderas spätem deutschen Erfolg betrachten, nämlich: seine frühen, zwischen 1960 und 1968 entstandenen Erzählungen, die in dem «Buch der lächerlichen Liebe» zusammengefaßt sind.

Fingerübungen gewissermaßen, doch auf höchstem Niveau. Ein perfekter Erzähler, so virtuos wie souverän, auf der Suche nach seinem Stoff. Wunderbare Kompositionen, sonderbare Mißgriffe. Mir kam es zuweilen vor, als spiele Glenn Gould mal Bach, mal Udo Jürgens, und zwar mit der gleichen (bekannten) Perfektion: Sieben Erzählungen, sieben Variationen eines Motivs: der lächerlichen Liebe. Sieben komische, tragische, im Grunde ganz alltägliche Gestalten, die glauben, daß sie handeln, dabei aber zum Opfer der Handlung werden, die sie ausgelöst haben. Ein Beispiel:

Als Eduard, kein Baron im besten Mannesalter, sondern nur ein junger tschechischer Lehrer am Beginn seiner gleich wieder gefährdeten schulischen Laufbahn, im Wochenendhäuschen seines Bruders und damit am Ziel seiner für lange Wochen aufgeschobenen privaten Wünsche angekommen, das Licht gelöscht und auch noch die Fensterläden verschlossen hatte, Alice, seine Freundin, gottgläubig/prüde, nun endlich und erstmals bereit war, sich auszuziehen – da «hatte er seltsamerweise überhaupt nicht das Gefühl, daß es sich um etwas so Bedeutungsvolles handelte, wie die Zeitspanne des Wartens hatte vermuten lassen».

Jetzt, nachdem er endlich erreicht hatte, worum er sich so lange und so listig wie zielstrebig bemüht hatte, kippt noch «während des Liebesaktes» seine Geschichte um. Nicht etwa, weil er zu lange hatte warten müssen, im Gegenteil: «Es verdroß ihn, wie leicht und sorglos sie jetzt ihren Antibeischlafgott verriet, zu dem sie sich früher so fanatisch bekannt hatte; es verdroß ihn, daß nichts sie aus ihrem Gleichgewicht werfen konnte», und anstatt dankbar zu sein, empfand er «Rachegefühle und Zorn». Er wurde sich bewußt, «daß er überhaupt keine Freude verspürte»; er stellte fest, während sie, angekuschelt, neben ihm schlief, «daß er sie *verschwommen* sah». Verschwommen?

Hier, wie so oft in diesen Geschichten, schaltet sich plötzlich der Erzähler ein: verschwommen? «Verweilen wir etwas bei diesem Wort: Alice, wie Eduard sie bisher gesehen hatte, war bei all ihrer Naivität ein klar umrissenes Wesen: die schöne Einfachheit ihres Äußeren schien ganz der Einfachheit ihres Glaubens zu entsprechen, und ihr bescheidenes Schicksal schien die Begründung für ihre Haltung zu sein. Eduard hatte sie bis jetzt als geschlossenes und kohärentes Wesen gesehen; er mochte über sie lachen, sie verfluchen und zu überlisten versuchen, aber er mußte sie (wider Willen) respektieren. Nun aber hatte die unvorsätzliche Falle einer falschen Nachricht die Geschlossenheit ihres Wesens aufgebrochen, und es schien Eduard, als hätten ihre Ansichten nur an ihrem Schicksal *geklebt*... er sah sie als zufällige Verbindung von Körper, Gedanken und Biographie.»

Er sah sie, noch einmal, bei Licht, am nächsten Morgen, nackt. Ihr Körper gefiel ihm nach wie vor. Aber: es war, wie man hier schlicht zu sagen pflegt, aus. Das spielerische Opfer, das er ihr samt ihrem Antibeischlafgott gebracht hatte, forderte jetzt seinen realen Preis.

Es war nämlich damals in der Tschechoslowakei mutig, wenn nicht tollkühn für einen jungen Lehrer, sich offen zum Glauben zu bekennen, mit Kirchenbesuch und allem Drum und Dran. Zumal in einer Kleinstadt konnte das nicht lange verborgen bleiben. So hatte Eduard nicht nur Alice seinen Glauben vorspielen, sondern, bald darauf, einer Untersuchungskommission Rechenschaft ablegen müssen. In listiger Offenheit hat er sich zu seinem vermeintlichen Fehler bekannt (die Wahrheit hätte ihm ohnehin niemand geglaubt). Er hat sogar die Partei, hier in Gestalt einer wenig attraktiven, dafür brünstigen Schuldirektorin, um Hilfe gebeten, weil ja der Glaube bekanntlich vernünftigen Argumenten unzugänglich bleibt. In einer Zeit, in der das opportunistische Verhalten als allgemein akzeptierte Notwendigkeit galt, mußte sein Bekenntnis als blanker Heroismus erscheinen. Blitzschnell hatte es sich in der ganzen Stadt herumgesprochen, und Alice, stolz auf ihren Helden, war – für Eduard zu schnell – zu jeder Konzession bereit.

«Eduard und Gott», die letzte dieser sieben aufeinander bezogenen und miteinander korrespondierenden Erzählungen, wohl auch die beste, läßt es verständlich erscheinen, daß Kundera mit diesen Geschichten in der Tschechoslowakei nicht nur bekannt, sondern geradezu berühmt geworden ist. Die List, mit der Eduard agiert, wird von Kundera noch potenziert und zum Konstruktionsprinzip der Erzählungen gemacht.

Sie sind bis ins letzte Detail hinein durchgearbeitet, auch wenn in einigen Teilen die Diskrepanz zwischen dem läppischen Stoff und seiner kunstvollen Präsentation besonders augenfällig wird. Der Erzähler hält alle Fäden in seiner Hand: argumentiert überraschende Wendungen, baut zügig Spannungsbögen auf und ab, meldet sich, nach alter Manier, gelegentlich selbst zu Wort, erklärend oder zusammenfassend, deutend auch, um dem Gang der Dinge die Erfahrungen, die ihm eingeschrieben sind, abzulesen. «Der Mensch», so heißt es dann, «durchschreitet die Gegenwart mit verbundenen Augen. Er darf nur ahnen und raten, was er eigentlich erlebt. Erst später wird ihm die Binde abgenommen, und wenn er dann auf die Vergangenheit zurückschaut, stellt er fest, *was* er wirklich erlebt und welche Bedeutung das Erlebte gehabt hat.»

Kundera versteht es, unauffällig, ganz nebenbei, hinter persönlichsten Empfindungen einen politischen Sprengsatz zu verstecken. Ein Assistent am Kunsthistorischen Institut der Universität Prag begreift plötzlich, daß er sich Illusionen gemacht hat. Und der (tschechische) Leser begreift, daß hier zugleich die Geschichtsauffassung des «Diamat» durch den Kakao gezogen wird.

Banale Anlässe, enorme Folgen. Das Klima vor dem Prager Frühling (das sich nur wenig von dem Klima nach dem Prager Frühling unterscheidet) wird, in Nebensätzen, spürbar. Es sind, gewiß, Liebesgeschichten, Variationen des einen Motivs, das Kundera in allen seinen Büchern verfolgt, anschaulich und heiter, melancholisch und grotesk. Aber es sind – im Ansatz – auch schon philosophische Erzählungen, der Akzent liegt freilich auf der Erzählung, denn die Reflexion ist zur Geschichte geworden, nur in den Brüchen und Wendungen, der Konstruktion sichtbar.

«Das Buch der lächerlichen Liebe» spielt aber ebenso mit der Melancholie der Schönheit. Es läßt jene Wehmut anklingen, in der die Hoffnungen einer Jugend enttäuscht, doch (noch) nicht geschwunden sind. Dieses Buch gleicht, mit Verlaub, einem «Apfel». «Erlauben Sie mir», bittet uns der Erzähler, «diesen Apfel mit einer gewissen Feierlichkeit den goldenen Apfel der ewigen Sehnsucht zu nennen.»

Dieser Apfel hat, nüchtern betrachtet, den einzigartigen Vorzug, daß er mehrmals verzehrt werden kann.

12
Der gehetzte Engel mit dem Doppelberuf

Zum 100. Geburtstag des österreichischen Schriftstellers Hermann Broch

Zum Rabbi X kommt ein Fremder und fragt: «Rabbi, was steht höher, das Erkennen oder die Güte?» Antwortet Rabbi X: «Selbstverständlich das Erkennen, denn es ist die Mitte des Lebens. Freilich, wenn einer bloß das Erkennen hat und nicht auch die Güte, so ist's als ob er den Schlüssel zur innersten Kammer besäße, aber den zum Vorraum verloren hätte.»

Hermann Broch an Victor von Kahler.
Brief vom 28. Januar 1948

Er ist, ohne Zweifel, der klassischste aller Klassiker der Moderne: Hermann Broch, vielzitiert, kaum gelesen. Von den großen Gestalten der Literaturgeschichte dieses Jahrhunderts, wie Kafka und Proust, wie Joyce und Musil und (meinetwegen sogar) Thomas Mann, ist er, bis heute, der unbekannteste geblieben. Er ist halt immer, sein ganzes Leben lang, einen kleinen, aber entscheidenden Schritt zu spät gekommen. Schicksal, könnte man meinen. Zum Teil war er selber schuld. Denn nichts schadet einem Autor mehr, beim Publikum wie bei der Kritik, als ein analytischer Verstand, der Ruf, intelligent zu sein. Spricht sich das herum, dann nennt man seine Bücher «schwierig» und legt sie ungestraft zur Seite. Lesen ist längst zum Freizeitvergnügen verkümmert, und wer es, wie Broch, ernst meint mit der Literatur, ist wirklich selber schuld. Pech hat er außerdem noch gehabt.

Als 1945 sein sogenanntes Hauptwerk, das tatsächlich etwas dröge und langatmige Riesen-Epos «Der Tod des Vergil», in Kurt Wolffs Pantheon Verlag, New York, gleichzeitig in einer deutschen und einer englischen Ausgabe herauskam, der Krieg war eben zu Ende, halb Europa lag noch in Trümmern, schien für Broch nach Jahren unermüdlicher Arbeit unter schwierigsten, sogar entwürdigenden Umständen ein recht bescheidener Wunsch in Erfüllung zu gehen: ohne finanzielle Sorgen, vom Lohn seiner Arbeit, von den Einkünften seiner Bücher leben zu können.

Der Erfolg war vorprogrammiert. Am 8. Juli 1945 erschien, auf der ersten Seite der «New York Times Book Review», groß aufgemacht, eine begeisterte Kritik. «A Poet's Last Hours On Earth». Eine solche Präsentation garantiert, nach wie vor, den Erfolg eines Buches in den USA. Nicht nur, weil die «New York Times» viel gelesen wird, mehr noch, weil von Seattle bis New Orleans die anderen Zeitungen nachziehen (müssen).

Aber auch hier, wie so oft, hat Broch ein bisserl Pech gehabt. Die Besprechung von Marguerite Young war erschienen, die «New York Times» hingegen nicht. Die Zeitung wurde wegen eines Streiks nicht ausgeliefert. Eine Handvoll Leute hat den Artikel lesen können. Schicksal?

Im Grunde war es ihm mit seiner Trilogie «Die Schlafwandler» ähnlich ergangen. Als endlich der dritte und abschließende Band, «Huguenau oder die Sachlichkeit», nach quälend langen Überarbeitungen abgeschlossen war, stand das «Dritte Reich» bereits vor der Tür. Broch: «Ich bin kein Pessimist, aber ich mache mich mit dem Gedanken vertraut, daß die ‹Schlafwandler› über den literarischen Erfolg nicht hinausgelangen werden.» So war es denn auch. So ist es bis heute geblieben. Daniel Brody, sein Verleger und mehr noch sein Freund, meinte trocken: «Alle diese glänzenden Besprechungen haben noch keinen einzigen Käufer hinter dem Ofen hervorgelockt.» Damit bestätigt sich, etwas paradox, der Anspruch: die damit Gemeinten, die (schlafwandelnden) Deutschen, haben es regelrecht verpennt.

Auch wenn viele seiner (heute) berühmteren Zeitgenossen ihn stets in einem Atemzug mit den berühmtesten genannt haben, Broch blieb, wie eh und je, eine Art Geheimtip. Noch im März 1950 konnte ihm sein Sohn aus Wien, der Heimatstadt, schreiben: «Du bist hier noch weitgehend eine unbekannte Größe, so in der Art vom lieben Gott: man weiß, es thront da so etwas oben hinter den Wolken, aber Genaueres weiß man nicht.» Heute sieht die Sache anders aus: Das Vorurteil, er sei schwierig und auch etwas langweilig, ist immerhin bis in die Allgemeinbildung durchgesickert.

Am großen Ruhm ist Broch halt immer, haarscharf, vorbeigeschlittert, selbst den Literatur-Nobelpreis hätte er wahrscheinlich bekommen, wenn er nicht, ja wenn er nicht gestorben wäre, sehr früh, am 30. Mai 1951, im amerikanischen Exil, mit nur 64 Jahren, an Herzversagen, wie es heißt, genauer an den Folgen seiner dauerhaften, im Grunde lebenslangen Überarbeitung. Broch hat sich immer zuviel vorgenommen, zuviel aufgehalst und zuviel aufhalsen lassen, und er ist – deshalb? – immer diesen einen kleinen, entscheidenden Schritt zu spät gekommen. Elias Canetti, der spätere Nobelpreisträger, der ihn zu Beginn der dreißiger Jahre in Wien kennengelernt (und ihm wohl manches zu verdanken) hat, beschreibt Broch in seiner Lebensgeschichte. Er beschreibt die Noblesse Brochs, seine umfassende Bildung, seinen Charme, die unendliche Hilfsbereitschaft und deren Kehrseite, seine unglaubliche Hilflosigkeit. Canetti schreibt:

«Jede Begegnung für ihn war eine Gefahr, denn er konnte sich ihr nicht mehr entziehen. Um loszukommen, brauchte er Leute, die anderswo schon auf ihn warteten.» So war er immer in Eile, stetig gehetzt. «Er sicherte sich den Weg, der ihn von einem zum anderen führte. Er bereitete sich darauf vor, ihn in Eile angehen zu müssen... Die Eile, in der man ihn sah, wenn man ihn zufällig auf der Straße traf, war sein einziger Schutz. Er sagte als erstes – und obwohl es statt eines Grußes war, war es freundlich – ‹Ich bin in Eile›, er bewegte die Arme, seine abgestutzten Flügel, so als ob sie sich zum Flug erheben möchten, schlug mit ihnen ein paarmal und senkte sie dann mutlos wieder... Ich sah ihm manchmal nach, wenn er auf der Straße entschwand: seine Pelerine hob sich im Wind wie Flügel. Es sah nur rasch aus, ohne wirklich rasch zu sein.»

Die Ökonomie dieser Art von Bewegung dürfte auf den ersten Blick nur schwer einsehbar sein. Canetti spürt, mit sicherem Blick, das Zwanghafte dieses Verhaltens auf, verharmlost jedoch, aus begreiflichen Gründen, die Notwendigkeit, die dahintersteht.

Es war nämlich mehr als nur eine psychische Disposition, die Broch stets zur Eile zwang. Es war der Versuch, Spannungen und Gegensätze auszuhalten, mit Widersprüchen zu leben, ohne sie zu kaschieren. Es war der Versuch, auf der Höhe der Zeit zu bleiben.

Broch meinte einmal: «Eines teile ich jedenfalls mit Kafka und Musil: wir haben alle drei keine eigentliche Biographie; wir haben gelebt und geschrieben, und das ist alles.» Das ist richtig, und trotzdem hat Broch, durch Herkunft, Veranlagung und Interessen, nicht zuletzt durch die zeitgeschichtlichen Umstände bedingt, auch ein dramatisches Leben geführt – es ist in der Biographie von Paul Michael Lützeler entsprechend spannend nachzulesen.

Am 1. November 1886 wurde Broch als Sohn eines aus ärmlichsten Verhältnissen aufgestiegenen mährischen Juden geboren. Sein Vater erwarb einige Fabriken, Spinnereien, ein kleines Imperium in der österreichischen Textilindustrie. Eine reiche, aber auch schwierige Sippe. 1949, im Rückblick, schrieb Broch an seinen Sohn: «Du stammst aus einer schwer-neurotischen Familie. Der Großvater manisch-depressiv, ungebändigt und dumpf mit genialischen Einschlägen, die Großmutter eine Zwangsneurotikerin ersten Ranges, dabei von mäßiger Intelligenz, herrschsüchtig, bockig und eitel; ich könnte die psychologische Situation seitenweise schildern, und es wäre nicht uninteressant, und ebenso ließe sich aus der Schnabel-Broch-Familie in ihrer Gesamtzeit geradezu eine Rougon-Macquart-Serie von Romanen aufbauen, ein Höllenbild gutmütiger Schäbigkeit, liebevoller Niedertracht.»

Von Liebe und Gutmütigkeit war zeitweise nur wenig zu spüren. In den späten zwanziger Jahren, als Broch seine langandauernden «Rückzugsgefechte» erfolgreich überstanden hatte, die Fabriken verkauft waren, versuchte sein Bruder ihn um das väterliche Erbe zu prellen. Schäbigkeit und Niedertracht dominierten. Die Familie war versorgt, für ihn blieb nichts übrig. Trotzdem fühlte er sich befreit: Er war Schriftsteller geworden. «Die Schlafwandler», die in dieser Zeit entstanden sind, zeigen, wiewohl alles andere als autobiographisch, deutliche Spuren seiner Lebensgeschichte. Zudem hat ihn die Familie nie losgelassen. Zeitlebens begriff er sich als «Opfer altjüdischer Familienzucht».

«A Kind gehört gestraft», dieser Leitspruch seines Vaters bestimmte die aufs Praktische ausgerichtete Erziehung: Realgymnasium, ohne (die brotlose Kunst) Latein, Ausbildung zum Textilingenieur, anschließend Eintritt in das Familienunternehmen. So arbeitete Broch, anerkannt und erfolgreich, als Direktor der Spinnfabrik Teesdorf, stieg schnell «zu industriellen Würden auf, wurde das, was man einen Industriekapitän nennt», und war, wie es schien, für sein «ganzes Leben gefangen». Tagsüber arbeitete er in der Fabrik, abends und nachts arbeitete er, inzwischen verheiratet, zu Hause weiter, allerdings an seinen Studien, zunächst mathematisch-logischen, später auch philosophischen Problemen. Er besuchte, wenn es sich einrichten ließ, Vorlesungen an der Wiener Universität, lernte Latein und blieb dennoch sein Leben lang Autodidakt, nur versuchte er diese Tatsache mit einer unersättlichen Arbeitsgier zu kompensieren.

Noch in einem Brief an Kurt Wolff, aus dem Jahre 1942, entschuldigt er seine Zeitnot mit dem «aufreibenden, zähen Kampf gegen den eigenen Dilettantismus», mit einer «Fron», die ihn «abgesehen von der Universitätsarbeit, täglich etwa 14 Stunden an die Schreibmaschine» binde. Das war keine Übertreibung, allein die umfangreiche Korrespondenz, die er immer äußerst gewissenhaft führte, übersteigt, zumal in den Jahren des Exils, jedes normale Arbeitspensum.

Broch hat sich, wortwörtlich, totgeschrieben. (Der Briefwechsel mit Volkmar von Zühlsdorff, der jetzt zum 100. Geburtstag erscheint, «Briefe über Deutschland», durchaus als aktueller Beitrag zur gegenwärtigen Kontroverse zwischen Habermas und den «FAZ»-Historikern über die «Unvergleichlichkeit» der Nazi-Verbrechen zu lesen, auch dieser Briefwechsel demonstriert, wie ernst Broch die «metaphysische Pflicht» nahm, der er sich unterstellt sah.)

Ohne «Doppelberuf» und die damit verbundenen «fürchterlichen Anstrengungen» ist er nie ausgekommen. So konnte er Entscheidungen umgehen, Alternativen ignorieren. Eine persönliche Schwäche, gewiß, die aber zugleich das Fundament seiner Stärke bildet, seiner Bedeutung. Sein «Ehrgeiz, alles zu vereinen», sitzt hier gleichsam auf.

In einem späten Brief an Waldo Frank, vom 12. Januar 1950, bezeichnet er dieses Dilemma: «Aber mir fällt das Romanschreiben so leicht, daß es mir schwerfällt. Die Erkenntnisse, um die es mir geht, liegen tiefer, als daß sie romanhaft ausdrückbar wären, und wenn sie auch in meinen Romanen aufscheinen – kein Mensch kann sich von seinen Problemen befreien, und sie verfolgen ihn in alle seine Äußerungen hinein –, so wird ihnen durch solche Placierung doch Unrecht getan.» Und gleich im Anschluß, knüppeldick: «Wenn ich politische Philosophie, oder wenn ich Erkenntnistheorie betreibe, so erfülle ich die mir auferlegten Verantwortungen sowohl mir selber wie meiner Arbeit wie der Welt gegenüber, doch wenn ich Romane schreibe, habe ich das Gefühl der Verantwortungslosigkeit. Und alles kommt auf das Verantwortungsbewußtsein an.» Nicht einmal mehr Joyce, allenfalls Kafka läßt er hier noch gelten, und auch nur deshalb, weil Kafka sich nicht einen «Pfifferling um das Ästhetisch-Technische kümmert, sondern das Ethische unmittelbar an der irrationalen Wurzel anpackt».

Die Radikalität, die Konsequenz seines Denkens (und Handelns) sind eindrucksvoll. Klarer als er hat kein Dichter dieses Jahrhunderts das Dilemma erkannt, genauer als er hat es keiner beschrieben.

Im Zusammenhang der Überarbeitung von «Huguenau oder die Sachlichkeit» schreibt er an Daisy Brody, die Frau seines Verlegers:

«Freilich hat es auch mit dem Dichten seinen Haken. Nicht nur, daß ich fortwährend fürchte, die äußere Qual könnte die Qualität beeinträchtigen (das ist unberechtigt), sondern es hat solche Angst eine tiefere Begründung: Dichten heißt, Erkenntnis durch Form gewinnen wollen, und neue Erkenntnis kann nur durch neue Form geschöpft werden... Dichtung, die nicht neue Erkenntnis ist, hat ihren eigenen Sinn verloren, wird also notwendig zum Qualitätsabfall und bleibe daher (sowohl aus inneren als auch aus äußeren Gründen) lieber ungetan. Neue Form dagegen aber heißt zunehmende Publikumsfremdheit, Unverkäuflichkeit, es heißt aber überdies ein Einbiegen in einen Weg, der bereits von Joyce verrammelt worden ist.»

So ist es. In diesem Dilemma hat sich Broch von Anfang an bewegt, und zwar kompromißlos. Das unterscheidet ihn von unseren heutigen literarischen Unterhaltungskünstlern, das macht ihn unbeliebt.

Das Ungenügen an der Philosophie hat ihn zur Literatur gebracht, das Ungenügen an der Literatur treibt ihn immer wieder zur Wissenschaft, zur Philosophie zurück. Er verlagert, zeitweise, die Akzente, versucht aber, im ganzen gesehen, diese Polarität auszuhalten. Die Spannung wird zum Motor seiner Arbeit. Er hat gut und gerne zehn volle Jahre intensivster Beschäftigung an die (Fragment gebliebene) «Massenwahntheorie» (ein Parallelunternehmen zu Canettis «Masse und Macht», zu den Studien des Instituts für Sozialforschung über «Autorität und Familie») verwendet und gleichsam nebenbei den

«Tod des Vergil» geschrieben, diese kleine wunderbare Erzählung, aus der später das gleichnamige Monumentalepos entstanden ist.

Er hat an den «Schuldlosen», diesem bis heute unterschätzten Zyklus von Erzählungen, weitergearbeitet. Das Romanschreiben ist ihm tatsächlich leichtgefallen, er konnte, wenn er wollte, erzählen, nur wollte er beim Erzählen nicht die Skrupel verdrängen, die ihn dabei bewegten, die schlichte, aber berechtigte Frage, «ob Dichten heute noch eine legitime Lebensäußerung» sein könne, angesichts einer Welt, die aus den Fugen geraten und (zudem) «derart komplex» geworden ist, daß sie die «übliche Romanform» zwangsläufig auflösen muß. Wenn der Roman «als Kunstgattung weiterbestehen» will, muß er zu einer «solch selbstauflösenden Umwandlung» kommen. Dieser Eigenkommentar, eine Art poetisches Glaubensbekenntnis, zu den «Schuldlosen» (1949) beschreibt ebenso den Gang der «Schlafwandler» (1932).

Drei Etappen: 1888 – «Pasenow oder die Romantik», 1903 – «Esch oder die Anarchie», 1918 – «Huguenau oder die Sachlichkeit». Drei Figuren, die auf unterschiedliche Weise mit den Problemen ihrer Zeit, der Auflösung der traditionellen Lebensformen zurechtkommen (müssen). Was bei Pasenow, der Geschichte des preußischen Junkers, noch ganz im Fontane-Stil, liebevoll, fast umständlich anhebt: die dumpfe Ahnung einer neuen Epoche, die Hoffnungen, die der kleine Angestellte Esch, dem Zwang der Verhältnisse folgend, auf «Amerika» projiziert – das alles ist bei Huguenau bereits einer nüchternen Einschätzung gewichen. Er mogelt sich clever, geschickt durch die Wirren jener Zeit, das letzte Jahr des Ersten Weltkrieges, ohne alle moralischen Skrupel. Wem die Not auf den Nägeln brennt, dem ist das Hemd halt näher als die Jacke.

Alle drei Romane beschreiben, anfangs kaum merklich, eingelassen in die Lebensgeschichte dieser Figuren, den «Zerfall der Werte», das eine große Thema von Hermann Broch, das ihn zeitlebens beschäftigt hat, in seinen Erzählungen und seinen Romanen, in seinen Essays und Dramen, in seiner theoretischen und schriftstellerischen Arbeit gleichermaßen. Immer stärker drängt sich in den «Schlafwandlern» dieses Motiv durch, auch formal. Was, mit «Pasenow», als konventionelle Erzählung beginnt, endet bei «Huguenau» in einer «selbstauflösenden Umwandlung»: einer Reflexion über den Zerfall der Werte.

Dieser Grundgedanke hat Brochs Werk durchgängig bestimmt. Hier setzt seine «Massenwahntheorie» ebenso an wie seine große Studie über «Hofmannsthal und seine Zeit», hier setzen seine Überlegungen zum Kitsch und seine Untersuchungen zum Mythos an. Der theoretische Befund wird zum praktischen Ausgangspunkt der erzählerischen Arbeit, die gleichsam an der Grenze der Begriffe angesiedelt ist. Die Auflösung der vertrauten Lebensformen provoziert irrationale Reaktionen. Darin spiegelt sich der Zerfall aller überlieferten Werte. Brochs Figuren müssen mit Angst, Einsamkeit und Gleichgültigkeit fertig werden. Theorie und Poesie durchdringen sich; die «irrationale Struktur», die seiner Ansicht dem «Dichtergewerbe zugrunde liegt», wäre anders auch nicht zu erfassen.

Broch wollte, als konsequenter Rationalist, Freuds Maxime «Wo Es war, soll Ich werden» aus ihrem individualpsychologischen Rahmen lösen und als gesellschaftliche Aufgabe begreifen. Er hat den (fast) paradoxen Versuch unternommen, die Autonomie des Ästhetischen ethisch zu begründen. Kritisch gewendet, entspringen dieser These wunderbare Einsichten, etwa über das Wien der Jahrhundertwende: «Wenn je Armut durch Reichtum überdeckt wurde, hier geschah es.» Mit dieser Pointe beginnt der Essay «Hofmansthal und seine Zeit».

«Was Überdeckung von Armut durch Reichtum letztlich bedeutet, das wurde in Wien, wurde in seiner geisterhaften letzten Blütezeit klarer denn irgendwo und irgendwann anders: ein Minimum an ethischen Werten sollte durch ein Maximum an ästhetischen, die keine mehr waren, überdeckt werden, und sie konnten keine mehr sein, weil der nicht auf ethischer Basis gewachsene ästhetische Wert sein Gegenteil ist, nämlich Kitsch. Und als Metropole des Kitschs wurde Wien auch die des Wert-Vakuums der Epoche.»

Fürwahr. Nur sind wir auf diesem Wege munter fortgeschritten. Inzwischen ist der Kitsch, im universellen Maßstab, an die Stelle von Kunst getreten. Brochs Diagnosen erweisen heute ihren prognostischen Charakter.

Der Literaturbetrieb, das Publikum und die Kritik eingeschlossen, belohnt allemal die kluge Bescheidung. Wer die doppelte Belastung des «Doppelberufes» auf sich nimmt, ist selber schuld. Gedankliche Arbeit und Anstrengung zahlen sich, für Schriftsteller zumindest, nicht aus, und bequemer ist es ohnehin, auf Theorie und Reflexion, den sperrigen Ballast zu verzichten. Wer tags hart arbeitet, hat abends natürlich ein Recht auf Unterhaltung. Daß Kunst, wie Broch meint, etwas mit Erkenntnis zu tun habe, ist eine andere Sache. Sei's drum. Broch wird, auch nach seinem 100. Geburtstag, ein Klassiker bleiben, gerühmt und ungelesen. Daß Worte Wunder wirken, hat er selber nie geglaubt.

13
Dichter in der Fußgängerzone

Peter Handke: «Nachmittag eines Schriftstellers»

Da geht einer, der seine tägliche Arbeit getan hat, an einem Freitagnachmittag, Anfang Dezember, aus seinem Haus hoch oben am Berg hinunter in die Stadt, durch die belebten Gassen der Fußgängerzone hindurch, an all den Leuten vorbei, die schwerbepackt, hastig, hechelnd ihre Weihnachtseinkäufe nach Hause schleppen. Er aber geht nur, durch die Innenstadt hindurch und durch die äußeren Stadtbezirke, die Häuser rücken auseinander, erste Lagerhallen da und dort, Tankstellen, die Landschaft öffnet sich vor seinen Augen. Er bemerkt die spätherbstliche Färbung der Wiesen und Felder, der Bäume und Sträucher, die feinen Grauabstufungen ihrer Zweige. Er geht ziellos, doch dann, schreibt er: «Mit dem Plan eines Weges kam jetzt die Freude am Unterwegssein.»

Das neue Buch von Peter Handke, «Nachmittag eines Schriftstellers», ist ein Bericht, schlicht, ehrlich, unprätentiös. Eine Art Werkstattbericht fast, wobei der «Schriftsteller» allerdings seine Werkstatt mit sich herumschleppt. Handke erzählt hier von seinem Schreiben und von dem Preis, den er dafür zahlt, von seinem Leben, also dem, was bleibt, nach den Phasen intensiver Arbeit: das bißchen Müßiggang, das Schlendern durch die Stadt und ihre Umgebung. Die zweckfreie Wahrnehmung noch der alltäglichsten Dinge, unscheinbarer Kleinigkeiten, wie sie zuweilen am Wegrand liegen und so, irgendwann, doch ins Schreiben einwandern. Das, was ist, soll – so begreift er Schreiben und Existenz – zu seinem Recht kommen. Ein nobles Ziel.

Der «Schriftsteller», schon im Gehen, «auf der Schwelle», wird noch deutlicher: Er wendet sich noch einmal zurück – «nach dem Schreibtisch, der ihm für einen Augenblick als ein Ort der Gerechtigkeit» erschien. Potzteufel, mag mancher Mitbürger denken, welch große Worte. Deshalb sollte man sie genau lesen. Immerhin heißt es: «für einen Augenblick». Handke weiß also offenbar, daß die Versöhnung, die er – schreibend – erstrebt, «Schein» bleiben muß, der allenfalls im Geschriebenen erstrahlt, auch wenn er auf seine Existenz zumindest zurückwirkt.

Sicher: kein gewöhnliches Leben. So ist in dem ganzen Buch auch nur von dem «Schriftsteller» die Rede. Das wirkt hochgestochen. Nun versichert Handke aber, daß er früher diese Bezeichnung «höchstens ironisch oder verlegen gebrauchte». Also: Es muß sich hier etwas verändert haben. Nicht unbedingt seine Haltung zum Schreiben oder seine «Furcht vor dem Stocken, dem Nicht-weiter-Können», sondern eher, durchs Schreiben bedingt, seine Haltung zum Leben. Er bringt es selbst auf eine knappe Formel: «Also nicht: ‹Ich als Schriftsteller›, vielmehr: ‹Der Schriftsteller als ich›». Ein Rollenspiel zunächst. «Schreiben», sagt Handke (in seinen auf weite Strecken lesenswerten Gesprächen mit Herbert Gamper, sei für einen Schriftsteller «mit dem Leben eigentlich identisch».

Handke nimmt also seine Rolle nicht nur ernst. Er versucht, sie zu verkörpern. Seine Notizbücher, vom «Gewicht der Welt» über die «Geschichte des Bleistifts» bis hin zu den «Phantasien der Wiederholung», die seit Jahren seine eigentliche Arbeit, das Erzählen, begleiten, bestätigen diesen Befund. Er ergibt sich auch, überdeutlich, aus dem «Nachmittag eines Schriftstellers». Hier wird eine Haltung ausgestellt.

Da kommt es denn auch knüppeldick. Von Sanftmut und Güte, von Gerechtigkeit und Demut sogar, von hehren, lauteren Werten ist zu sprechen, die Handke aus einer Tradition von Literatur bezieht, der er sich, nach wie vor, verpflichtet sieht. Diese Haltung liefert sich ungeschützt dem Hohn der Mitbürger, draußen im Lande, aus. Ein billiges Vergnügen. Einer ist halt immer der Dumme. Allerdings handelt es sich hier, das wird häufig und gerne übersehen, um eine ästhetische Haltung, die sich (deshalb) nicht unmittelbar auf Gesellschaft bezieht. Sondern: auf das «Phantasieren in Gestaltfolgen», auf den «sanften Übergang» zwischen den Sätzen, auf «die Form des Erzählens». Erzählen, sagt Handke in den Gesprächen mit Gamper, «heißt ja immer Entwerfen einer menschenwürdigen Welt».

Der eilige Zeitgenosse, gut genug konditioniert, vermißt hier natürlich *die Realität*. Zu Recht. Seine zugerichtete Wirklichkeit wird sich in Handkes Erzählung kaum finden lassen. Realität schon. Und zwar: in den Brüchen dieser Haltung. In dem Jähzorn und der blinden Wut, in überraschenden Aggressionsschüben. Aus früheren Büchern kennen Handkes Leser das: da waren die unerwarteten Ausbrüche in der «Kindergeschichte» oder der gezielte Mord im «Chinesen des Schmerzes». An solchen Stellen geht es mit Handke durch, dort bricht, fast unvermittelt, Realität ein in seine «Gegenwelt». Dort wird sichtbar, wie schwierig es ist, diese Haltung durchzuhalten, im Leben wie im Schreiben.

Erst einmal ist es, wie mir scheint, Handke gelungen, die extremen Spannungen seiner (schreibenden/geschriebenen) Existenz ästhetisch befriedigend zu integrieren, in der großen, ja großartigen Erzählung «Die Wiederholung», die letztes Jahr, im Herbst, erschienen ist.

Diese Erzählung, eine doppelte Bewegung, nach vorn und zurück, vergegenwärtigt (s)eine Kindheit und führt zugleich, aus der Gegenwart heraus, zurück in das Land der slowenischen Vorfahren. Die *Wieder*holung wird auch zur Wieder*holung*. Der Erzähler folgt den Spuren seines verschollenen Bruders, eines Widerstandskämpfers.

Er folgt dabei auch der Spur einer unterdrückten Sprache. Die Wiederholung führt ihn zurück auf den magischen Grund dieser Sprache: Die Wörter werden wieder als Zauberwörter, die sie in der Kindheit waren, erinnert, und ihr Zusammenhang schafft, aufs neue und anders, den Raum zurück, der mit der Kindheit verloren schien. Gegenwart und Geschichte werden so reflektiert und gebrochen. Die andauernde Unterdrückung des slowenischen Volkes, das niemals Nation war, Leiden und Aufbegehren, Mythos und Gegenwart, Natur- und Lebensgeschichte sind ineinander verflochten. Und damit auch: der anarchische Grundimpuls seines Schreibens, die blanke Wut und die Demut gegenüber Menschen und Dingen.

Der «Nachmittag eines Schriftstellers» ist nur ein kleines Nachspiel dazu. Es läßt sich auch als Kommentar zur «Wiederholung» lesen. Als eine Beschreibung und Begründung der Existenz dieses Schriftstellers. «Im Zeichen der Erzählung habe ich angefangen! Weitertun.

Sein lassen. Gelten lassen. Darstellen. Überliefern. Weiter den flüchtigsten der Stoffe bearbeiten, deinen Atem; dessen Handwerker sein.»

Wahrlich ein bescheidenes und zugleich großes Programm. Eine kleine Erzählung, die von nichts (fast nichts) handelt und (beinahe) von allem, von der Furcht des Autors, seine Sprache zu verlieren, von dem, was er den «Haß auf die Landschaftsmaler» nennt, von den Feldern und Wiesen, den Farben und Formen und immer wieder von dem Gefühl, das im (nachgestellten) Motto seinen Ausdruck findet: «...es ist alles da, und ich bin nichts» (Goethe, Tasso). Demut reizt. Das ist wahr. Wer sich (absichtlich) klein macht, bedarf einiger Größe.

14
Odyssee mit Zauberern und Amazonen

Libuše Moníková: «Die Fassade»

Zunächst: Gemunkel. Der Literaturbetrieb hört, bei günstiger Witterung, zuweilen das Gras wachsen. Durch einige Lesungen, von eher privatem Charakter, verstärkte sich das Raunen zum Gerücht. Noch längst nicht fertig, wurde das Buch bereits als heißer Tip gehandelt.

Für das (fast fertige) Manuskript bekam die Autorin im Frühjahr den von Günter Grass gestifteten «Döblin-Preis» verliehen. Kaum war das Buch da, stand es bereits auf dem ersten Platz der Kritiker-Bestenliste des Südwestfunks. So hat die Frankfurter Buchmesse, bevor sich ihre Tore öffnen, endlich wieder einmal eine literarische Entdeckung zu vermelden: den Roman einer deutsch schreibenden Tschechin, Libuše Moníková «Die Fassade».

Die Leseprobe, die der Hanser-Verlag im Sommer an Buchhändler verschickte, sprach noch von einem «kollektiven Schelmenroman». Der endgültige, bizarr anmutende und absichtsvoll rätselhafte Untertitel lautet «M. N. O. P. Q».

Vorsicht ist angeraten. Wir betreten nämlich eine Baustelle. Mit Behinderungen und erheblichen Schwierigkeiten muß gerechnet werden. Es handelt sich hier um ein ungewöhnliches und langwieriges Projekt, im wörtlichen Sinne: um überfällige Restaurationsarbeiten an unserem historischen Bewußtsein.

Ein Baudenkmal der ersten Kategorie: die Renaissance-Fassade eines bekannten Schlosses. Der Zustand ist verheerend; vieles zerstört, manches endgültig, nicht mehr rekonstruierbar. Allerdings sind

Künstler hier am Werk, zwei Maler, zwei Bildhauer, um die berühmten Sgraffiti zu erneuern. Nur der Winter bleibt ihnen noch für ihre eigene künstlerische Arbeit. Sieben Monate im Jahr stehen oder liegen, knien oder hocken sie auf dem Gerüst, um dieses mühsame, vielleicht auch vergebliche Unternehmen voranzutreiben.

Sie arbeiten, wieder wörtlich genommen, an der Geschichte; an ihrer, der tschechischen, an unserer, der deutschen, ja, der europäischen Geschichte. Sie restaurieren die Bilder der Geschichte – ein monumentales Fresko mit lauter kleinen Kassetten, die hier mit dem gleichen Recht nebeneinander stehen. Die großen Weltentwürfe der Vergangenheit sind zu besichtigen, Allegorien etwa der Gerechtigkeit, eine blinde Justitia, mit der Waage und drei Augen ausgezeichnet; ein mächtiger, nackter Hintern mag die Allegorie der Gelegenheit darstellen.

Die Restauratoren ersetzen, wohlbedacht, die zerstörte Tradition durch neue, spätere Motive, etwa aussterbende Tier- und Pflanzenarten, durch Anspielungen auf die jüngere und jüngste Geschichte. Die Verwitterung, durch Klima und mehr noch durch die industriellen Abgase gefördert, hält mit ihrer Arbeit Schritt. Wenn sie vorne fertig geworden sind, müssen sie hinten wieder anfangen. Doch: «Sie freuen sich auf die Arbeit wie Sisyphos auf seinen herabgerollten Stein.» Was sie tun, hat Sinn.

Der Ort ist gut ausgewählt, Golo Mann hat ihn in seiner Wallenstein-Biographie beschrieben: «Das feste Schloß liegt im nordöstlichen Böhmen, auf einem steilen, nur von der Nordseite zugänglichen, waldumzogenen Basaltberg, zwei Meilen vom sächsischen Zittau, auch Schlesien benachbart. Ein strategisch wichtiger Ort, durch seine Mauern ringsum Frieden sichernd; daher der Name»: Friedland.

Die Gegend ist geschichtsträchtig. Hier haben einst die Hussiten gekämpft. Von hier aus ist Wallenstein in den Dreißigjährigen Krieg gezogen, bevor er Herzog von Friedland wurde.

Dort wurde auch Friedrich Smetana geboren, Komponist nicht nur der «Verkauften Braut», sondern auch der böhmischen Nationaloper «Libuše». Hier hat sich, noch später, ein Prager Versicherungsbeamter längere Zeit dienstlich aufgehalten: Franz Kafka. Sein «Schloß» ist unter anderem vom Schloß Friedland inspiriert. Dann die Gestapo. Dann die Okkupanten. Und alle haben Spuren hinterlassen, stehen jetzt gleichsam nebeneinander. «Böhmische Dörfer», so ist der erste Teil dieses Romans überschrieben.

«Wir schreiten kaum, doch kamen wir schon weit. Du siehst, mein Sohn, zum Raum wird hier die Zeit» – heißt es, beziehungsreich (nach Richard Wagners «Parsifal»), in den Potemkinschen Dörfern», dem zweiten Teil dieses großen, selbst Raum und Zeit umspannenden Entwurfs.

Die «Potemkinschen» und die «böhmischen» Dörfer gehören zusammen. Im zweiten Teil des Romans macht sich eine Gruppe auf Reisen: Drei der vier Restauratoren, ein schwuler luxemburgischer Historiker, auf dem Schloß als Archivar angestellt, und, nur zeitweilig dabei, ein junger Biologe. Sie stranden, auf dem Weg nach Japan, in Sibirien, bedingt durch Zufälle und durch Eigenheiten des sowjetischen Verkehrswesens. Nahe Nowosibirsk, in einer Akademikersiedlung, werden sie von den Wissenschaftlern quasi in Gefangenschaft gehalten: «Sie fragen nicht mehr, ob sie wegkommen, sie wissen nicht, was sie falsch machen, es ist wahrscheinlich egal, alles kann gedeutet» und im Zweifel gegen sie verwendet werden.

Aus dieser politischen Einsicht zieht die Autorin wiederum ästhetische Konsequenzen: Alles kann gedeutet werden. Es beginnt eine wahre Odyssee, mit Zauberern und Amazonen, einer Kirke, die selbstbewußte russische Funktionäre in schmachtende Rentiere verwandelt; eine abenteuerliche Irrfahrt nimmt ihren Anfang, die durch Märchen und Mythen hindurch in die Vergangenheit zurückführt und dabei doch immer in der Gegenwart bleibt, in der sich die Geschichte, um mit Ernst Bloch zu reden, als Ungleichzeitigkeit abgelagert hat.

«Die Tschechen», die so «sympathisch» sind, «eben weil sie nie gekämpft haben», demonstrieren plötzlich, etwa in einem tollkühnen Eishockeyspiel, kämpferische Qualitäten, sie verprügeln auch mal, nebenbei, einen Okkupanten und stimmen einem Hirten zu, der klagt: «Es sind zu viele Russen überall.» Der Prager Frühling, die sowjetische Invasion vom August 1968 und Jan Palachs ohnmächtige Selbstverbrennung, all das bleibt unvergessen.

«Die Fassade» beschreibt, sozusagen synchron, mehrere weitausgreifende Bewegungen. Von der lokalen über die böhmische in die europäische Geschichte. Wie die Sgraffiti an der Fassade stehen die Episoden des Romans nebeneinander, mit dem gleichen, nämlich historischen Recht. Parataktisch heißt im Fachjargon diese Schreibweise, die Libuše Moníková schon in ihren ersten beiden Erzählungen «Eine Schädigung» (1981) und «Pavane für eine verstorbene Infantin» (1983) verwendet hatte: eben keine Hierarchie, sondern ein Nebeneinander, die Reihung von Bildern und Eindrücken.

In der «Fassade» ist die Autorin nun, listig, auf schwejksche Weise, noch einen entscheidenden Schritt weitergegangen: das Nebeneinander von Bildern und Episoden, von Geschichte und Gegenwart, von Technik, Kunst und Wissenschaft, wird in der Konstruktion des Romans abgesichert. Dabei bringt die Moníková ganz nebenbei und unaufdringlich ihre umfassenden Kenntnisse in Kunstgeschichte und Ethnologie, Geologie und Lepidopterologie (vulgo Schmetterlingskunde) an Mann und Frau.

Das alles hat plausible Gründe. Die Fassade ist zwar historisch vorgegeben, doch muß sie, auf weite Strecken von der Geschichte zerstört, rekonstruiert und – wo das nicht möglich ist – neu konstruiert werden. Dieser Prozeß kann an kein Ende kommen; und doch läßt er sich, wie der dritte Teil, «Ohn' Unterlaß», eine Anspielung auf den letzten Vers der «Internationale», zeigt, auf ein Ziel beziehen.

«Der Kampf der Menschen gegen die Macht ist der Kampf des Gedächtnisses gegen das Vergessen.» Dieser Satz des tschechischen Schriftstellers Milan Kundera, der seit 1975 ebenfalls im Exil lebt, beschreibt das Motiv und die Energiequelle solcher ästhetischer Anstrengungen; mangels eigener Produktion kennen wir sie nur noch als Import aus Lateinamerika und den europäischen Randlagen.

Libuše Moníková ist mit der «Fassade» ein wunderbar reiches, kluges, komisches Buch gelungen, das viele Facetten hat und voller Anspielungen und Querverweise steckt. Freilich enthält es auch einige kleine, vor allem sprachliche Schnitzer. Seit sie schreibt, schreibt sie deutsch, zuweilen ein eigensinniges Deutsch. Sie verwendet gelegentlich falsche Personalpronomina (etwa «es» anstatt «sie») und läßt manchmal den Konjunktiv, die Möglichkeitsform, in unmöglicher Gestalt erscheinen. Aber wie schon in den beiden ersten Büchern besteht sie auf «ihrem» Deutsch und will es nicht glatt-lektorieren lassen.

Solche kleine Mängel mindern nicht den Rang dieses großen Buches. «Die Fassade» sprengt, wie jeder bedeutende Roman, die

Grenzen seiner Gattung; müßig zu fragen, ob es sich nun um einen Reise- oder Gelehrtenroman, ein Gesellschaftspanorama oder gar um einen Künstlerroman handelt. Dies ist ein sehr ernstes und zugleich ein sehr komisches Buch. Vielleicht war der ursprüngliche Untertitel richtig: «Ein kollektiver Schelmenroman».

15
Sozialistischer Surrealismus

Bohumil Hrabal: «Ich habe den englischen König bedient»

Wer wissen will, ob, und wenn, wie «das Unglaubliche Wirklichkeit» wird, sieht sich von Bohumil Hrabal, diesem tschechischen Schelm, zu Beginn des Buches und eines jeden Kapitels kräftig ermahnt: «Passen Sie gut auf, was ich Ihnen jetzt erzählen werde.» Schließlich ist die Wirklichkeit ja nicht, wie wir (vielleicht zum letztenmal während des Prager Frühlings) hofften, vernünftig, sondern allenfalls unglaublich geworden, nicht anders als dieser seltsame Roman mit dem seltsamen Titel «Ich habe den englischen König bedient».

Ein kleiner Kellner macht eine große Karriere. Er lernt, wie man den Kopf in den Sand stecken und dabei die Augen offenhalten kann. Er lernt, wie man sich anpaßt, um mitzuschwimmen in den häufig wechselnden Strömungen der Zeitgeschichte. Er sucht den Erfolg und findet – zum Ausstieg.

Eine Hotellaufbahn. Ein tschechisches Schicksal in den Turbulenzen der Zeitgeschichte. Wechselnde Stationen: Provinz, Prag und schließlich die Einsamkeit einer Waldhütte, abseits von Gesellschaft und Politik. Ein tragikomischer Fall in einer absurden Geschichte. Dabei ein richtiger, doch tschechischer Bildungsroman, auf der Höhe unserer Zeit, unterhaltsam bis zum (eher bitteren) Ende, leicht und locker aus unzähligen und unbeschreiblich komischen Episoden gestrickt, mit vielen skurrilen, oft auch grotesken Einfällen gespickt, mit kleinen «wunderbaren» Sauereien gewürzt und mit jenem böhmischen Humor ausgestattet, der an unserer treudeutschen Hochleistungsethik wie ein Eichscher Maulwurf nagt.

Bohumil Hrabal ist bei den Tschechen regelrecht populär, bei den Lesern, nicht bei den Behörden natürlich. Seine Bücher erscheinen, wenn überhaupt, oft arg von der Zensur verstümmelt. «Ich habe den englischen König bedient», dieser Roman, der in der Tschechoslowakei als sein Hauptwerk gilt, ist vermutlich im Samisdat weiter verbreitet als in der quasi offiziellen Ausgabe. Bei uns hat Hrabal eine kleine, allerdings recht treue Gemeinde.

Hrabal erzählt ganz schlicht, scheinbar anspruchslos und immer unterhaltsam, in (fast) allen seinen Geschichten und auch hier in diesem neuen Roman – von heißen Würstchen zum Beispiel, mit denen unser «Pikkolo», kaum hat er seine erste Stelle angetreten, bereits viel Geld macht, so viel, daß er seine (jede Emma empörende) Blütenlese auf den Schamhügeln der «schönen Fräuleins» spielend damit finanzieren kann.

Oder die Geschichte des Hoteliers Tichota, der so dick war wie «die Reklame für Michelin-Reifen» und darum aus dem Rollstuhl sein seltsames Etablissement mit der Trillerpfeife dirigiert, um auch die ausgefallensten Wünsche seiner wahrhaft perversen Gäste, darunter Diplomaten, Dichter, Generäle und sogar der Präsident, auf diskrete Weise zu befriedigen.

Oder die Geschichte vom Herrn Skřivánek, Oberkellner im Hotel Paris zu Prag, der jedem Gast sofort ansieht, woher er kommt und was er darum bestellen wird. Seine einleuchtende, stereotyp wiederholte Erklärung dieser Fähigkeit: «Ich habe den englischen König bedient.» Unser Kellner, sein gelehriger Schüler, wird eines Tages sogar den abessinischen Kaiser bedienen, und zwar bei einem Gala-Diner, dessen «unglaublicher» Hauptgang (über Seiten hinweg verführerisch beschrieben) die hochmögenden Herren der tschechoslowakischen Regierung völlig aus der Fassung bringt.

So geht es hoch her und drunter und drüber, damit «das Unglaubliche Wirklichkeit» wird. Der Slapstick aus dem Dienstleistungssektor verzichtet zwar auf die obligate Tortenschlacht, doch kein Schade, es wird in die Suppe gespuckt und mit Knödeln geschmissen. Viel Klamauk und massig Handlung. Fortwährend droht die Anarchie. Keine Ordnung ist vor dem Umsturz gefeit. Nur, fragt sich der (deutsche) Leser, wo kommen wir da hin?

Hrabals Figuren liegen solche Fragen fern. Denn sie sind längst dort angelangt, wovor wir uns noch fürchten: in dem Bewußtseinszustand eines permanenten Bummelstreiks, der nicht nur den realen Sozialismus charakterisiert, sondern jede Gesellschaft, die vom Kleinbürger getragen und geprägt ist. Dieser Bewußtseinszustand drückt sich nicht im Sprechen aus, sondern im Bafeln.

Bafeln mein nämlich jenes Geschwafel, mit dem sich die Kleinbürger (und wer meint, keiner zu sein, der melde sich und schweige) bis zum Grund ihrer Abgründigkeit durchschwätzen. Der Anarchist, der in jedem Kleinbürger steckt, kommt beim Bafeln zum Vorschein. Bafeln heißt, meint Hrabal, «nach dem Verbotenen streben».

Und er, der promovierte Jurist, muß es wissen. Er hat schließlich als Versicherungsagent und Kulissenschieber gearbeitet. Er hat sich mit der Verwertung von Altpapier befaßt. Er hat sein Geld auch bei der Bahn, in einem Stahlwerk und in einer Brauerei verdient. Er hat sich überhaupt, wie man dort zu sagen pflegt, wo solcher Sozialismus herrscht, in der Produktion bewährt, wohl eher unfreiwillig dem Rat Gorkis folgend, daß der Schriftsteller unter das Volk gehen müsse. Hrabal hat jedenfalls ersichtlich davon profitiert.

Die meisten seiner Geschichten, auch der vorliegende Roman, sind autobiographisch geprägt. Sie gehen zurück auf eine Tradition der mündlichen Erzählung. Ein Plauderton herrscht vor und verdeckt die Kunstfertigkeit, den (erzähl-)technischen Aufwand. Hrabal verfügt souverän und darum unauffällig über die Mittel der europäischen Moderne. Er kennt, von Kafka ganz zu schweigen, seinen Joyce, seinen Beckett und, naturgemäß, seine Surrealisten. Doch seinen Stoff bezieht er stets aus nächster Nachbarschaft, den Kneipen, der eigenen Familiengeschichte. Was sich seine Leute beim Bier erzählen (und getrunken wird viel), das erscheint, vermeintlich ungebrochen, in seinen Geschichten wieder, als wäre es aus dem Leben gegriffen – und zugleich in einer merkwürdig surrealistischen Beleuchtung.

In der Nachschrift zum «englischen König» heißt es bezeichnenderweise: «In diesem Sommermonat, da ich dies niederschrieb, war ich bewegt von Salvadore Dalís ‹künstlicher Erinnerung› und Freuds ‹eingeklemmtem Affekt›, dem der ‹Ablauf durch die Rede gestattet› ist.» Die vermeintliche Spontaneität ist genau kalkuliert, so listig, daß Sozialismus und Surrealismus zusammengehen. Hrabal bringt nicht aufgeregt Regenschirm und Nähmaschine zum Operationstisch, er läßt die Dinge, wo sie sind – und sie erscheinen sonderbar genug. Der Alltag wird von ihm nicht surrealistisch überhöht, seine Rechtfertigung wird, durch die Technik der Beschreibung, den Blick für das Sonderbare, unterhöhlt. Mit schwejkscher List und Hrabalscher Tücke praktizieren seine kleinbürgerlichen Helden in ihrem ohnmächtigen Bummelstreik jene Formen des Widerstands, die jeden Machthaber ohnmächtig aussehen lassen.

Naturgemäß hat Hrabal zeitlebens, von der kurzen Zeit des Prager Frühlings abgesehen, größte Schwierigkeiten gehabt. Zweimal wurde der fertige Satz seiner Bücher wieder vernichtet. Zwei bereits gedruckte Bücher wurden wieder eingestampft. Er wurde, ein übles Spiel, zur Selbstkritik gezwungen. Trotzdem. Auch seine jüngsten Bücher, «Sanfte Barbaren» und «Ich habe den englischen König bedient», sind von einer geradezu verzweifelten Komik. «Passen Sie gut auf, was ich Ihnen jetzt erzählen werde.» Die eingeklemmten Affekte verschaffen sich mächtigen Ablauf durch die Rede.

Das Unglaubliche wird, so will es der Lauf der Geschichte, immer wieder Wirklichkeit. Aus dem Pikkolo wird ein Kellner, aus dem Kellner ein Hotelier. Der Hotelier wird Millionär und – unter der Obhut von Milizionären – ein Aussteiger (aus Gesellschaft und Politik). Unser Held, klein von Gestalt, steht seinen Mann, bei den «schönen Fräuleins» und, im Wortsinne, dort, wo arische Ärzte seine germanische Zeugungsfähigkeit testen. Der Mitläufer der Nazis, der eine blonde Deutsche schwängern muß, schildert die Protektoratszeit aus der Perspektive Schwejks. Er schlägt sich durch, auf die böhmische, ebenso lustige wie listige Weise, einer Maxime folgend, die ihm früh schon ein Handlungsreisender mit auf den Weg gegeben hat: daß man nicht kleckern darf, wenn man einmal klotzen will.

Der ganze Roman besteht aus einer Folge von (meist) komischen Episoden. In der Ungleichzeitigkeit des Gleichzeitigen finden Witz und Weisheit wieder zusammen. Hrabal, der Plauderer, erscheint mir als ein philosophischer Erzähler, der listig, nämlich komisch zu erzählen versteht, also: subversiv. Auf dem langen Lebensweg des kleinen Kellners hat Hrabal viele hübsche Sprengsätze gelegt, die sicher einmal zünden werden. Vielleicht auch bei uns.

16
Auch eine Ästhetik des Widerstands

Otto F. Walter: «Zeit des Fasans»

Manchmal hätte ich das Buch am liebsten gegen die Wand geklatscht. Da hat sich ein Bürger-Sprößling, stockkatholisch erzogen, aufmüpfig geworden, schließlich konvertiert, noch einmal mächtig gegen seine Herkunft gestemmt und dabei auch überhoben. «Nieder mit den Alpen! Freie Sicht zum Mittelmeer!» – mit diesem Sponti-Anspruch tritt er an, und sein sechshundertzwölf Seiten dicker Wälzer wälzt gut und gerne fünfzig Jahre Schweizer, deutsche, mitteleuropäische Geschichte als Endmoräne vor sich her: viel Geröll, viele Steine, imposante Findlinge. Ein Unding also: Zeit-, Gesellschafts- und Familienroman. Statt Lübeck, das wir aus dieser Perspektive kennen (sollten), jetzt wieder Jammers, jene kleine Schweizer Industriestadt, die (nach William Faulkners Vorbild Jefferson) in dem imaginären Raum zwischen Olten und Solothurn, unweit der Autobahn Basel–Bern angesiedelt ist. Statt Hanno Buddenbrook, dem Musenkind, das zu weich war für die harte Welt des aufziehenden Industriekapitals, jetzt Thomas (!) Winter, meist Thom genannt, ein gelernter Historiker, ohne feste Anstellung, der sich mit Forschungsaufträgen über Wasser hält. Die «Zeit des Fasans» setzt an, wo der «Schweizerspiegel», Meinrad Inglins spätes Gegenstück zu Thomas Manns Abgesang auf das honorige Handelskapital, endet, vor gut fünfzig Jahren.

Nichts, fast gar nichts zwischen Himmel und Erde, von der Urgeschichte über die Sozialgeschichte bis zur Militärgeschichte, ist ausgelassen. Selbst Mutter-Mord und Krimi-Motive sind noch eingebaut.

«Welcher Romanautor auch immer unsere Geschichte eingefädelt haben mag», so beklagt sich Lis, Thoms Lebensgefährtin, «ich will ihn ans Schienbein treten, ich will ihn zur Hölle wünschen!» (Selbsterkenntnis gilt als der erste Weg zur Besserung.)

Doch ich kenne die Weise, kenne den Text und kenne auch den Herrn Verfasser. Ich weiß, er trinkt öffentlich Wein und predigt trotzdem für klareres Wasser: Otto F. Walter, der noch erstaunlich jugendbewegte, eben sechzig Jahre alt gewordene (Öko-)Autor, der sich mit stiller Intensität («Der Stumme», 1959, «Herr Tourel», 1962) in unsere Literaturgeschichte eingeschrieben hat, der es verstanden hat, die politischen Konsequenzen der ästhetischen Entwicklung poetisch und poetologisch zugleich zu fassen («Die ersten Unruhen», 1972, «Die Verwilderung», 1977), und dem es in den letzten zehn Jahren fast gelungen ist, sich wieder aus der Literatur herauszuschreiben («Wie wird Beton zu Gras?», 1979, «Das Staunen der Schlafwandler am Ende der Nacht», 1983). Ein aufrechter, honoriger Mensch. Ein Sproß aus dem noch heute existierenden Verlagshaus Walter, Olten und Freiburg, das ihn in den sechziger Jahren mit großem Getöse an die Luft gesetzt hatte. Nicht, weil er sich politisch vergriffen hätte. Er hat sich am Abendland vergangen, hat Ernst Jandls «laut und luise» (ein Klassiker unterdessen) verlegen wollen. Solcher Sprach-Witz überstieg die Schweizer Spaß-Grenze. Walter wurde für einige Jahre Geschäftsführer des Luchterhandschen Literaturverlages.

Dieser mißratene Verlegersohn ist nun auch der (einzige) Bruder der bekanntesten eidgenössischen Nonne, Schwester Maria Hedwig OSB, geb. Silja Walter. Ihr Werk, nach Titeln gemessen, übersteigt bei weitem das seine: Weihnachts-, Pfingst- und Evangelienspiele, vor allem aber mystelnd/besinnliche Lyrik und kürzlich auch ein Gespräch mit ihrem ungläubigen Bruder. Otto F. ist das jüngste von immerhin neun Geschwistern. Erst kamen die Mädchen, acht an der Zahl, dann er. Der Vater, nicht nur Verleger, auch Schriftsteller, Offizier, Politiker, sogar Nationalrat, betont katholisch, war (wie sich diesem Gespräch entnehmen läßt) ein richtiger Patriarch und wurde ein «schwerer Alkoholiker», der sich «alle drei, vier Monate bis zur totalen Besinnungslosigkeit» vollaufen ließ.

Soviel zur Person. Jetzt zum Buch? Nein, die ganze Zeit war schon vom Buch die Rede. Nicht nur Walters Entwicklung, auch sein (bislang eher) schmales Werk ist von dieser Vatergestalt und ebenso von dieser gutbürgerlich-katholisch-peniblen Ordnung mit solchen anarchischen Einschlägen deutlichst geprägt. Die Explosion, die am Ende des «Stummen» dessen Vater in die Luft jagt, der lauteste Befreiungsschlag, hallt bis in die «Zeit des Fasans» nach. Auch Ulrich Winter, Familienoberhaupt und Konzernchef, geht am Alkohol zugrunde, und mit ihm der Familienbesitz. Die Verletzungen werden sichtbar. Wenn der Vater, «nachts um elf, betrunken zurückgekommen (...) noch immer in Hut und Mantel im Flur» steht und «plötzlich», plötzlich entfaltet sich, erzählend, das alte Trauma. Der Stoff hat, das zeigen Nebensätze, dem Autor auf den Nägeln gebrannt. Analytiker sprechen hier von Leidensdruck. Walter hat allerdings an diesem Roman (wie an den meisten seiner gelungenen) sehr, sehr lange, sicher über fünf Jahre gearbeitet, und sicher nicht nur (das auch), um sich die Traumata seiner Kindheit vom Hals zu schaffen («ich will die Wahrheit wissen»), nicht nur, um erneut seine guten Absichten – Kurzformel: arbeitnehmerfreundliches Umweltbewußtsein – der Schweizer Öffentlichkeit zu verkünden (das auch), sondern um («Glück müßte man beschreiben können») noch einmal das Feld der Möglichkeiten auszumessen, das in (je)der Kindheit abgesteckt wird und dann lebenslang die Bedingungen der Erfahrung von Glück bestimmt.

Jammers, der fiktive Ort, den Walter sich früh erschrieben, dann weiter und weiter ausgebaut hat, verbindet die beschädigte Realität mit ihrem imaginierten Entwurf, verbindet also die verlorene Heimat mit jenen Bildern, die aus der Kindheit bezogen und als Utopie in die Zukunft projiziert werden.

Dabei werden Worte wieder zu Zauberwörtern, magisch aufgeladen, bezieht aus ihnen die Erzählung ihre (poetische) Energie.

Wenn Tante Esther, den kleinen Thom zu ihren Füßen, aus der Familiengeschichte plaudert, dann verbinden sich zwanglos die Einsichten Walters mit seinen Absichten. «Von ihr», der Tante, «ausgesprochen, wurden ‹Palazzo› oder ‹Duce› zu Wörtern wie Kirchenschiffe, in denen Thom voller Ehrfurcht umherwandeln konnte.» Die Tante, ihrer Herkunft bewußt, verlangte von Thom, dem Stammhalter der Sippe, «er müsse endlich lernen (...), zu wollen, was er müsse.» Diese Einsicht in Notwendigkeit, Kern Hegelscher (also bürgerlicher) Geschichtsphilosophie, läßt auch in ihrer Schweizer Fassung etwas von der Genauigkeit ahnen, mit der Walter (auf weite Strecken) sein Epos durchkonstruiert hat.

Wut und Trauer und ein hoffnungsloser Optimismus vermengen sich dabei ebenso wie die verschiedenen Erzählstränge. Walter will, wie gesagt, das Unmögliche: Zeit-, Gesellschafts- und Familienroman, doch nicht in der naiven/berechneten Strickart einer Isabel Allende, sondern auf der Höhe unserer Gegenwart. Das heißt für Walter: durch (zuweilen auch schroffe) Montage. Das heißt für seine Leser: aus einem Forschungsvorhaben des Historikers Thom Winter wuchern sich die Erzählungen heraus.

Zäh und schwerfällig kommt die Sache in Gang. Thom ist mit Lis, seiner Freundin, auf dem Weg in die Provence. Sie machen in Jammers Station, in seinem Elternhaus, das noch immer der Familie gehört. Mehr ist von dem ehemaligen Reichtum nicht geblieben. Doch auch Sepp, der Hausbursche, und Herminia, die Köchin, sind noch immer da. Und dann kommen – die Erinnerungen, die sich, kaum zufällig, mit den Forschungsinteressen, Schweizer Militärgeschichte, während des Zweiten Weltkriegs, verbinden. Denn es hängt auch hier, wie sonst im Leben, alles zusammen: Familien- und Industriegeschichte, Schweizer Politik mit allen ihren Zweideutigkeiten gegenüber dem Dritten Reich. Nach dem stotternden Anlauf aber kommt Schwung in die Sache. Einzelne Gestalten, der Vater, der Onkel Ludwig, ein hochbegabter Visionär und Spinner, die Schwestern, treten hervor. Aus der Konstellation Neureich, Thoms Mutter, und Industrieadel, Tante Esther, entwickelt sich, spannungsreich, eine Geschichte des Schweizer Bürgertums. So kommt also eins zum anderen, die Erzählstränge verzweigen und überschneiden sich und auf weiten Strecken wird der kunstvoll verschachtelte Roman zum Schmöker. Doch immer wieder, auch in längeren Passagen, kämpft der Erzähler Walter einen vergeblichen Kampf gegen den Aufklärer Walter. Dann reden Doktoranden, stolz auf dem Stand ihres letzten Papers: «Wie das ausgeht, wissen wir – seit dem Färber –, seit dem Monteurs-, seit dem Generalstreik von 1918.» Das Gegenteil ist richtig. Nichts wissen wir mehr, selbst in der Arbeiterbewegung, soweit es sie noch gibt, ist das historische Bewußtsein verlorengegangen.

Um diesem Übel abzuhelfen, hat Otto F. Walter, darin seinem Namensvetter, dem Altphilologen Walter F. Otto (mit dem er in vielen Bibliographien verwechselt wird), eng verwandt, einen eher unglücklichen Hang zur Mythologie entwickelt. Der Kunstmythos,

Marke Eigenbau, den er mühsam zusammengebastelt hat, geht schlicht und einfach in die Hose.

Es ist halt, kurz gesagt, ein mangelreiches Buch, reich mit vielen deutlichen Schwächen. Doch ein Schuft, wer behauptet, daß es mißlungen sei. Natürlich stehen die Alpen noch. Aber sie sind ein bißchen verrutscht. Der Blick auf die Schweiz ist freier geworden. Manchmal, beim Schreiben, hätte ich das Buch am liebsten gegen die Wand geklatscht. Aber ich habe es gerne gelesen und kann es guten Gewissens weiterempfehlen.

Was Thom Winter, der Historiker, über General Guisan und die Schweizer Strategie zur Landesverteidigung herausgefunden hat, beschreibt zugleich eine Parabel, an der sich die (innere) Dynamik dieses Romans noch einmal ablesen läßt. Bei einem deutschen Angriff, so Guisans Konzept, zieht sich die Schweizer Armee in die Berge zurück. Die nötigen Vorkehrungen wurden, trotz immens hoher Kosten, zügig getroffen. Derart in den Alpen verbunkert, mit entsprechenden Vorräten versehen, wäre die Schweizer Armee tatsächlich kaum zu schlagen gewesen. Das Konzept hatte nur einen Nachteil: die gesamte Schweiz, mitsamt ihrer gesamten Bevölkerung, sollte kampflos preisgegeben werden. Die Armee hätte sich nur noch selbst verteidigt, aber erfolgreich.

17
Im Namen des Vaters und des Sohnes und des polnischen Volkes

Andrzej Szczypiorski: «Eine Messe für die Stadt Arras»

Der Name ist ein Zungenbrecher. Szcypiorski (szc = schtsch). Aber er hat das Rennen gemacht, was vor ihm noch kein Pole geschafft hat: seit Monaten belegt er die vordersten Plätze der SPIEGEL-Bestsellerliste, auf der SWF-Kritiker-Bestenliste rangiert er ganz oben. Die Kritik jubelt. Das Publikum kauft und kauft und liest. Man staunt. Dem Feuilletonchef der ZEIT, Ulrich Greiner, ist das Weltbild verrutscht. Greiner will fortan nie mehr von den «besten Büchern» und den «wichtigsten Autoren» schreiben, nur weil er siebzehn lange Jahre an diesem polnischen Autor vorbeigelesen hat. Und der scheidende, darunter leidende Literaturchef der FAZ, Marcel Reich-Ranicki, hat noch einmal, zwar ungewöhnlich verhalten, dafür ausgiebig in die Tasten gegriffen, um diesem, wie er etwas piepsig schreibt, «seltenen Vogel» zu einem mächtigen Höhenflug zu verhelfen. Es ist ihm gelungen, Szcypiorskis «Die schöne Frau Seidenmann» war (so etwas muß man riechen) das richtige Buch zum richtigen Zeitpunkt. Es bot MRR die Chance, öffentlich eine private Rechnung zu begleichen. Er konnte, in seiner eigenen Zeitung, der FAZ, ausführlich gegen seine eigene Zeitung polemisieren, seinen Standort in dem sog. Historikerstreit, literarisch verkleidet, darstellen, ohne mit einem Wort auf diesen Streit einzugehen. «Die schöne Frau Seidenmann» bot dem Publikum die Möglichkeit, die allerorten, aber eben grundsätzlich diskutierten Fragen, unterhaltsam aufbereitet, an ergreifenden Lebens- und Leidensgeschichten abzulesen. Bestseller, die glücklicherweise noch immer nicht zu programmieren sind, entspringen solchen Konstellationen. In der Tat wurde uns hier auch ein Stück Aufklärung untergejubelt. Szcypiorski schreibt, wie Reich-Ranicki schreibt, «geruhsam und gemächlich», mit «Tempo», «gelassen», doch mit «Witz und Pfiff». Diese Episoden der polnischen und der deutschen Geschichte, politisch weit bedeutsamer als literarisch, fügen sich zu einem lockeren Reigen, doch nicht zu einem großen Roman. Listig verweist denn auch der Trommler unseres bundesdeutschen Literaturorchesters darauf, daß nicht «Die schöne Frau Seidenmann» das Hauptwerk dieses polnischen Autors sei, sondern: «Eine Messe für die Stadt Arras».

Das Buch, das seit siebzehn Jahren bereits auf deutsch vorliegt, allerdings nur in der DDR, ist nun in diesem Herbst vom Diogenes Verlag der Erfolgsfrau «Seidenmann» eiligst hinterhergeschickt worden. Das ist gut so. Nur ob der kleine Roman halten kann, was der frische, große Ruhm des Autors verspricht, ist eine andere Frage.

«Im Frühling des Jahres 1458 wurde die Stadt Arras», im Burgundischen gelegen und übrigens die Geburtsstadt Robbespierres, «von Hungersnot und Pest heimgesucht. Im Laufe eines Monats fand beinahe ein Fünftel der Stadtbevölkerung den Tod. Im Oktober 1461 kam es aus ungeklärten Gründen zur berüchtigten ‹Vauderie d'Arras› – grausamen Juden- und Hexenverfolgungen, Prozessen wegen angeblicher Häresie, und auch zu Brandschatzung und Gewaltverbrechen.»

Diese Ereignisse, schreibt Szcypiorski in einer Vorbemerkung, bilden «den Hintergrund zu der nachfolgenden Erzählung».

Und plötzlich sind wir, «im Namen des Vaters und des Sohnes und des Heiligen Geistes. Amen.», um fünfhundert Jahre zurückversetzt, ganz unvermittelt werden wir, raffiniert, in den Sog der Erzählung hineingezogen.

Jean, ein junger Mann, der früh nach Arras gekommen war, unfertig noch, beflissen und bildbar, der dieser Stadt verdankt, was er geworden ist, dieser Jean schleicht sich eines Nachts aus seinem Haus, um heimlich Arras zu verlassen, zu fliehen, buchstäblich im letzten Moment. Das Tor, ungewöhnlicherweise unbewacht, steht weit offen. Jean wittert die Falle, die man ihm gestellt hat. Ihm wird klar, daß es zu spät geworden ist, daß er zu lange gezögert hat. Er kehrt in sein Haus zurück, er weiß, daß er verloren ist.

Mit diesem kleinen, geschickten, gleich an den Anfang gesetzten

Kunstgriff schafft Szcypiorski die Spannung, die sich durch das ganze Buch hindurch hält, ein Vorgriff, der erst nach einer langen Rückblende am Ende wieder eingeholt wird. Jean erzählt nun die Geschichte der Stadt Arras in jenen schrecklichen, grausigen Jahren. Er beschreibt seine eigene Rolle, die des Mitläufers, der alles Unheil kommen sieht und nichts dagegen unternimmt, der im Gegenteil noch fördert, was er nicht verhindern kann. Er beschreibt die Figur des religiösen Eiferers, Albert, seines väterlichen Beschützers und Lehrmeisters, der die Stadt zum Heil zwingen will und damit ins Verderben bringt. Er beschreibt Alberts Gegenpart, David, Bischof und Fürst zugleich, einen schon neuzeitlich/modern denkenden Herrscher, der seiner Vernunft mehr traut als dem Glauben. Er beschreibt vor allem die Hysterie, den religiösen Massenwahn in all seinen entsetzlichen und verheerenden Ausprägungen und Folgen, einen Wahn, der von Albert, tatsächlich im guten Glauben, angefacht und gesteuert wird.

«Eine schwere Zeit», weiß Gott. «Wie stets, wenn die Menschen das Ende aller Dinge voraussehen, wurde die Stadt von den zügellosesten Lastern erfaßt. (...) Unserer armen Sprache ist es versagt, jene Scheußlichkeiten und Greuel wiederzugeben. Als die Tochter eines gewissen Adeligen ihre Gesundheit einbüßte, kroch dieser, von Lachen und Weinen geschüttelt, auf sie, wobei er ausrief, daß sie nicht aus dieser Welt gehen solle, ohne die Annehmlichkeiten des Umgangs mit dem männlichen Geschlecht gekostet zu haben.»

Es kommt zu erregten und erregenden Auseinandersetzungen, theologischen Disputen, die in der Regel dort enden, «Zuviel Glauben, zuwenig Verstand!», wohin der Fanatismus in seiner Konsequenz führt, auf dem Scheiterhaufen. Dort endet auch Farias de Saxe, ein wahrer Aristokrat, souverän, unabhängig, auch in seinem Denken. Er warnt Jean davor, sich «mit den Anhängern der Gewalt» zu verbünden. Jean entgegnet ihm: «Sofern dergleichen in Arras geschieht, muß es offenbar geschehen. Denn es ist Gott, der unsere Taten lenkt. ‹Nein!› schrie de Saxe zornig und verzweifelt. ‹Er hat uns Verstand, einen Willen und Gottesfurcht gegeben.› Szcypiorski hält bruchlos seine Perspektive durch: er erzählt einen historischen Sachverhalt. Jean, der Mitläufer, der Opportunist, der Täter, der zum Opfer und am Ende allerdings wundersam errettet wird, erzählt uns seine Geschichte, «im Namen des Vaters und des Sohnes und des Heiligen Geistes. Amen.» Der historische Roman ist nun aber zugleich eine subtile Studie über Macht und Massenwahn, ein Lehrstück über Demokratie und die destruktive Gewalt reiner, also guter Ideen.

Nur sollen wir, fürchte ich, was sich hier an Schrecken und Grausen, an Irrsinn und Aberwitz abspielt, als Geschichte begreifen, die andauert. Wir sollen den Roman als eine Parabel lesen.

Szcypiorski hat, fürchte ich, die polnischen, die mitteleuropäischen Verhältnisse unserer Zeit vor Augen gehabt, als er daran ging, seine «Messe für die Stadt Arras» im 15. Jahrhundert zu zelebrieren.

Ein Fiasko nannte er den Versuch und beteuerte, daß er dieses Stück stets «als künstlerisch verfehlt» betrachten werde. So selbstkritisch wie über dieses Drama «Fiorenza», eine, wie er sagt, «dialektische Novelle», hat sich Thomas Mann nur selten öffentlich geäußert. Der Stoff, die religiöse Massenhysterie des ausgehenden Mittelalters, sperrte sich gegen die – von aktuellem Interesse gesteuerte – Aufarbeitung. Elias Canetti und Hermann Broch, zwei durchaus bedeutende Erzähler dieses Jahrhunderts, haben sich über Jahrzehnte mit den Problemen der Massenpsychologie herumgeplagt, und beide haben sich gleichermaßen und wohlweislich gehütet, diese Probleme erzählerisch anzugehen. Gerade deshalb aber lesen sich Canettis «Masse und Macht», Brochs «Massenwahntheorie» (und selbst Max Horkheimers großer Aufsatz über «Egoismus und Freiheitsbewegung») spannender als Szcypiorskis letztendlich eben doch nur dürre Parabel. Wo es um Erkenntnis geht, kommt es auch auf die Nuancen an. Die Linie, die von Cola di Rienzo, Savonarola, diesen Albert aus Arras, über Robbespierre bis zu Hitler und Stalin führt, streicht die Unterschiede weg, die doch, wie Adorno einst zu sagen pflegte, solche ums Ganze sind.

Mit Parabeln läßt sich der neuzeitliche Massenwahn vielleicht noch veranschaulichen, aber nie und nimmer auf den Begriff bringen. Andrzej Szcypiorskis kleiner, schmaler Roman «Eine Messe für die Stadt Arras» mag sein «Hauptwerk» sein und bleiben. Es ist ein spannend geschriebenes, zu Teilen auch faszinierendes Buch. Mehr nicht. Wenn David, Bischof und Fürst, am Ende die Stadt vom Terror befreit und den Tätern nicht die Sünden vergibt, sondern, schlimmer noch, proklamiert: «Was geschehen ist, ist nicht geschehen, und was gewesen ist, ist nicht gewesen» – dann scheint etwas von dem Rätselcharakter der Geschichte auf, der die bloße Parabel sprengen könnte. Hier beginnt der Roman, der noch ungeschrieben ist.

18
Frauenbrust und Leserlust

Tommaso Landolfi: «Mailand gibt es nicht» und «Nachtschatten»

Tommaso Landolfi, 1908 in Pico in der Region Latium geboren, starb kurz vor seinem 71. Geburtstag, 1979, in einem römischen Krankenhaus. Sehr viel mehr ist über sein Leben nicht bekanntgeworden. Er ist nie im Fernsehen aufgetreten, hat zeitlebens kein einziges Interview gegeben und biographische Informationen, wo immer möglich, zurückgehalten. Er hat die Literaturpreise, die ihm verliehen wurden, nicht persönlich in Empfang genommen, sondern sozusagen abholen lassen. Die Schutzumschläge der italienischen Originalausgaben vermerken schlicht: Auf Wunsch des Autors entfällt der Klappentext. Die Neugier der Leser wird auf das Werk verwiesen, das reichlich, wenn auch widersprüchlich, Auskunft gibt.

Der Sadist kommt in diesem Werk auf seine Kosten, jeder Voyeur hat seinen Spaß, das ganze Feld der Psychopathologie wird genüßlich abgeschritten. Bizarre Einfälle, perverse Phantasien, Männerphantasien (ein gefundenes Fressen für jeden feministischen Grundkurs), zärtlichste Empfindungen dazu und, tödlich für jeden mittelmäßigen Schreiber, ein erhobener Zeigefinger: «Folglich sei der Leser gewarnt: Möge er sich von diesen Seiten nicht mehr erwarten als das, was ich ihm verspreche.»

Landolfi kann es sich erlauben, mit den Erwartungen des Lesers zu spielen, weil er erzählen kann. Hier werden Affen geschlachtet, Menschen und notfalls auch Mäuse gequält, daß es die reine Wonne ist. Der Mann ist nicht nur listig, sondern boshaft durch und durch. Er stellt, wie nebenbei, jeden Süskind in den Regen, bis kein Tröpfchen

Parfum mehr übrigbleibt. Mühelos überbietet er Elfriede Jelineks «Lust»-Lektüre durch wahre Lese-Lust. Die beiden umfangreichen Erzählungsbände, «Nachtschatten» und «Mailand gibt es nicht», die jetzt, ausgewählt und eingeleitet von (seinem Schüler!) Italo Calvino, auf deutsch vorliegen, werden sich (hoffentlich) an den Bestsellerlisten vorbeimogeln: ein Geheimtip, nicht durch hohe Verkaufszahlen als kurzlebige Sensation in aller Munde, sondern als verborgene Energiequelle im Hinterkopf.

Die Zeichen stehen günstig. Quer über die Kontinente ist er als Schattenbild präsent. In der «New York Times» wird er neben Borges gestellt. In «Newsweek» steht er neben Kafka. Die Franzosen («Le Nouvel Observateur») sehen ihn an der Seite von Edgar Allan Poe. Die «Neue Zürcher Zeitung» rückt ihn («morbide Horrorgeschichten») in die Nähe Gogols, und die «Zeit» verwies auf seine Nachbarschaft zu Gombrowicz. Ein Gruppenbild, das sich sehen lassen kann, obwohl es ihn erst einmal verdeckt.

Freilich ist wahr, was sein Landsmann und Bewunderer Giorgio Manganelli über ihn gesagt hat, daß er nämlich beim Publikum nie ein beliebter Schriftsteller war. Warum? Landolfis Romane, Erzählungen und Tagebücher – insgesamt hat er etwa 30 Bücher veröffentlicht, darunter allerdings einige schmale Bändchen mit längeren Erzählungen –, all das galt (und gilt) bislang als Literaten-Literatur. Deshalb ist er Geheimtip geworden und bis heute geblieben, wie vordem jene, mit denen er heute verglichen wird, Kafka, Borges, Gombrowicz. Er hat es selbst darauf angelegt. Als die Nachwelt von seinem Tod erfuhr, lag er bereits unter der Erde.

Naturgemäß hat auch Landolfi autobiographisches Material, eigene Erfahrung verarbeitet. Er war, das läßt sich zum Beispiel seinem Tagebuch «La biere du pecheur» (1955) entnehmen, verheiratet, und zwar mit einer sehr viel jüngeren Frau, die er Major zu nennen pflegte, hatte zwei Kinder, das eine Minor, das andere Minimus genannt. Doch selbst solche Informationen sind nur mit Vorsicht zu gebrauchen. Schon der (französische) Titel dieses Tagebuchs ist etwas verwirrend. Er meint, je nachdem, welcher Akzent gesetzt wird, entweder «Das Bier des Fischers» oder «Die Bahre des Sünders» und beschreibt damit die Differenz, in der sich Landolfi vorzugsweise aufgehalten hat, wenn er nicht gerade – als Patron – auf seinem Landsitz weilte.

Auch da ist Vorsicht geboten, und mehr noch dort, wo er (s)ein kompliziertes Verhältnis zu Frauen beschreibt. Er hat sich halt immer und überall versteckt. Es gibt ein – in Italien berühmt gewordenes – Photo, das Tommaso Landolfi zeigt: die noch durchwegs schwarzen Haare, äußerst korrekt, wie mit dem Lineal gezogen, rechts gescheitelt, die hohe breite Stirn und eine große, aber keineswegs grobe Hand, Finger leicht gespreizt, mitten vor das Gesicht gehalten, so daß außer Hand, Haaren und der Stirn von seinem Gesicht nichts zu erkennen und bis auf den durchschimmernden Punkt der Nasenspitze kaum etwas zu sehen ist – außer der Tatsache, daß er nicht photographiert werden wollte.

Über Jahrzehnte sind seine Geschichten im «Corriere della Sera», auf der dafür berühmten dritten Seite, erschienen, bevor sie als Bücher herauskamen. Er hat auch, aus Motiven, die wohl immer unklar bleiben werden, übersetzt. Böse Zungen behaupten, um seine Spielschulden zu bezahlen. Ihm geneigtere Zeitgenossen sehen darin einen Hinweis auf seinen extrem weit gespannten Horizont. Landolfi hat nämlich aus dem Russischen und aus dem Deutschen, für Italiener nicht eben geläufige Sprachen, zudem auch aus dem Französischen übersetzt. Unter anderem Gogol, Puschkin, Dostojewski, E.T.A. Hoffmann, Novalis. Die Übersetzungen haben sichtbare Spuren hinterlassen in seinem eigenen Werk. «Gogols Frau», die groteske Geschichte vom Schicksal einer aufblasbaren Gummipuppe mit allen anatomischen Raffinessen, und «Kafkas Papa», ein ziemlich realistischer Alptraum – an diesen Erzählungen läßt sich ablesen, woher Landolfi seinen Stoff bezogen hat: aus seiner Phantasie und aus der europäischen Literaturgeschichte. Spielschulden und literarische Interessen schließen sich keineswegs aus.

Italo Calvino, der ihn nur flüchtig gekannt hat («leider nur selten direkte Begegnungen»), beschreibt in seinem Vorwort die ungewöhnliche Spielleidenschaft Landolfis, seine hemmungslose Hingabe an den «Zufall». Aber vielleicht war auch dieser Spieler von San Remo, der ohne erkennbare Strategie, ohne System gespielt hat, dem Zufall vertrauend und ihm damit auch ausgeliefert, nur eine weitere Maske, ein anderes Versteckspiel dieser seltsamen und dunklen Gestalt. Viele, wohl die meisten Erzählungen zeigen jedoch einen früh gealterten Sonderling, der oft ganz allein auf – und von – seinem Landsitz lebt und ungehemmt seine Schrullen auslebt; einen Menschen von fanatischer Ordnungsliebe und unbegreiflicher Gelassenheit, der fähig ist, eine Maus zu Tode zu quälen und anschließend vor Mitleid albern zu werden; der fähig ist, eine Magd («Maria Giuseppa») zu Tode zu quälen und anschließend jede Schuld restlos wegzurationalisieren: «Ich stand immer frühzeitig auf, fast im Morgengrauen, und spielte ausgiebig mit dem Hund, quälte ihn auch, wenn man so will, bis Maria Giuseppa kam, und dann quälte ich sie.»

Die tödliche Langeweile des Landlebens setzt, wie man sieht, jegliche Moral außer Kraft, und die kühle Präzision der Beschreibung steigert die virtuose Boshaftigkeit dieser Literatur noch einmal. Landolfis Kritiker haben ihm wechselnde Etiketten verpaßt: Den einen gilt er als schwarzer Romantiker, den anderen als Surrealist, mal heißt man ihn morbide und skurril, mal dekadent und phantastisch. Ich fürchte, er war nur eines, nämlich seiner Zeit voraus.

Und zwar paradoxerweise gerade darin, daß er schon vor 40, 30, 20 Jahren hemmungslos zurückgegriffen hat – in das Arsenal der europäischen Literaturgeschichte. Er entnahm, was er brauchte. Aber er nahm nichts mehr ernst. Er entwarf in bester Tradition seine Horrorvisionen, malte geradezu liebevoll die grauenhaftesten Szenen aus und kam, zuweilen mitten im Satz, scheinbar absichtslos ins Stolpern, verhaspelte sich kunstvoll im Gestrüpp seiner Beschreibungen und verschenkte damit, wie er gerne klagt, «jeden Effekt».

Landolfi spielt, mit dem Leser, vor allem mit der Sprache. Seine Einfälle sind oft so verrückt, daß kein Zwangsneurotiker dagegen ankommt. Er ist, vor der Zeit, schon postmodern gewesen, weil er sich den Verpflichtungen der Moderne entzogen hat, lässig, elegant und ungerührt. Auch zehn Jahre nach seinem Tod ist er noch nicht eingeholt. In seinen Einfällen bricht sich die italienische Geschichte in der Dekadenz des Landadels. In seiner Sprache vermischt sich die Pedanterie eines Finanzbeamten mit der Strenge des geschulten Logikers. Seine abstrusen Geschichten verweisen immer wieder auf die bizarre Gestalt ihres Autors, der sich, auch wörtlich genommen, hinter ihnen versteckt. Eugenio Montale, der Lyriker, Kritiker und Nobelpreisträger, meinte einmal: «Wenn Landolfi schreibt, so macht er nichts anderes als sich selbst übersetzen; das Original hält er in sich verborgen.» (Die enormen Schwierigkeiten der Übersetzung ins Deutsche dokumentiert Heinz Riedt, der Übersetzer, im Anhang des zweiten Bandes.)

Landolfi entzieht sich, zum Glück. Es ist mit ihm wie mit dem Hasen und dem Igel, oder, besser noch, wie mit dem Affen der «beiden Jungfern» in einer seiner schönsten Erzählungen. Der «Bruder» der beiden Jungfern «hatte von einer seiner Reisen das eben erst der Mutterbrust entwöhnte Äffchen mitgebracht. Er starb in fremden Landen, wonach die Schwestern, die mehr und mehr alle Liebe, derer sie fähig waren – was nicht wenig heißen will –, auf ihn gehäuft und ihm allein das Pochen ihrer weiblichen Herzen gewidmet hatten, diese Liebe auf das Tier übertrugen. Es ist die Sitte der Menschen, das Objekt ihrer Liebe wenn immer möglich in einem Käfig zu verwahren.» Dort saß, so schien es, der Affe. Doch was er dort und mehr noch außerhalb alles angestellt hat, bringt ein ganzes Nonnenkloster aus dem Häuschen, führt, nebenbei, zu seriösen theologischen Disputen und, in der Hauptsache, zum letalen Ausgang für das ebenso unschuldige wie sündhafte Tier.

Landolfis Geschichten sind eben niemals nur gut erfunden. Wie jede große Literatur zielt auch die seine aufs Leben, aber Landolfi zielt absichtlich immer ein kleines Stückchen daneben.

Die letzte Geschichte im ersten Band der Erzählungen heißt «Eine Frauenbrust», und sie handelt im wesentlichen nur von dieser «einen» Frauenbrust. Der Erzähler hat in letzter Sekunde ein junges Mädchen vor einem Verkehrsunfall bewahrt. Aus dieser Situation schält sich in der Folge diese «eine» Brust gleichsam heraus. «Welche» ist sicher eine ungewöhnliche Frage, das wird zum Motor der Handlung. Mehr will ich hier nicht verraten.

19
Ein schauderhaftes Schauerstück

Witold Gombrowicz: «Die Besessenen»

Irgendeine Leiche hat jeder, wie wir wissen, in seinem Keller versteckt. Deshalb sollen wir ja, dem Volksmund zufolge, erst einmal vor der eigenen Tür kehren. Interessanter wird es, wenn sich die Leichen, die wir loswerden wollen, in unserem Kopf verbergen. Ein Problem, dessen Lösung noch aussteht.

Von geheimnisvoll schauerhaften Kräften getrieben, bewegen sich zwei junge Leute aufeinander zu: Maja, die selbstbewußte Tochter aus gutem, wenn auch verarmtem Gutsbesitzerhaus, das in der flachen Ödnis polnischer Provinz als Pension betrieben wird, und Leszczuk, der Tennistrainer, ein ungehobelter, an sich aber aufrechter Bursche. Sie seien sich ähnlich, munkelt man von Anbeginn und allerorten. Und es scheint, als wäre es das Böse selber, das sie so ähnlich werden läßt. Es geht, naturgemäß, nicht alles mit rechten Dingen zu in diesem psychologischen Schauerroman. Einmal, gleich eingangs, finden sich die beiden in einem Kleiderschrank zusammengesperrt. Es spukt zuweilen fürchterlich. Manchem zittern manchmal nur die Lippen, ein altes Handtuch bebt dagegen dauerhaft. Es wird betrogen, gestohlen und, umständlich aber trickreich, auch gemordet. Es wird bis zum bitteren, wenn auch glücklichen Ende böse intrigiert. Es geht schließlich um Kopf und Kragen und, handfester noch, um unbezahlbare Kunstschätze in dem alten zerfallenden Schloß. Es geht um einen verrückten Fürsten und seinen totgeglaubten Sohn. Es geht sogar, von der Grundlinie geschlagen, um Stops, gegen die noch heutige Tenniscracks, wie Steffi Graf kürzlich in Paris erkennen konnte, machtlos sind. Es geht, kurz gesagt, drunter und drüber. Die Handlung überschlägt sich am laufenden Band. Doch gerade diese Konstruktion, kunstvoll kaum mehr zu nennen, verbürgt, obwohl es ächzt und knirscht, die Spannung.

Dennoch läßt sich dieses Buch nicht einfach als Jugendsünde abtun. Es war, über Jahrzehnte, verschollen. Der Autor hat, aus verständlichen Gründen, nichts, auch gar nichts unternommen, um das düstere Treiben seiner «Besessenen» wieder ans Licht (der Leser) zu bringen. «Entsetzlich! Grauenvoll. Einfach haarsträubend» – mit solch klaren Worten wirbt der Verlag, ehrlich wie selten, für diesen Roman. Witold Gombrowicz, immerhin so etwas wie das Aushängeschild der (radikal) modernen polnischen Literatur dieses Jahrhunderts, eine ohnehin rätselhafte Gestalt, hat mit diesem Buch nicht nur seinen Freunden noch ein weiteres Rätsel aufgegeben. Als Gombrowicz an dieser Gespenstergeschichte strickte, ging er langsam auf die vierzig zu. Seine wilden und wahrlich bewegten Jahre hatte er hinter sich. Er hatte sich einen Namen gemacht, nicht nur durch seine provozierend unkonventionelle Selbstinszenierung, auch durch Erzählungen und Novellen, ein Theaterstück und vor allem durch den Roman, der seinen Anhängern, den Ferdydurkisten, bis heute als Meisterstück gilt, durch «Ferdydurke» (1937). Er galt etwas in der polnischen Vorkriegsgesellschaft, der literarischen Szene Warschaus, zumindest als Enfant terrible. Sein Hochmut und seine Arroganz sind sprichwörtlich geworden. Durch sein Auftreten allein hat er sich ebensoviel Publizität verschafft wie durch sein (als verschroben und schwierig geltendes) Werk. Zeitlebens hat Gombrowicz, der Pole, mit dem Polen in sich gekämpft, gegen die Mittelmäßigkeit, gegen die (auch geistige) Armut und Schlamperei. Ernsthaft, also «gar nicht ironisch» hat er nach «Größe» gestrebt, weil er sich über die Polen und mehr noch, Bescheidenheit war die geringste seiner Tugenden, über die «Menschen», die ganze «wimmelnde Menschenwelt» erheben wollte, und sei es nur «einen Zoll» weit.

Und diese elitäre Lichtgestalt der polnischen Moderne entpuppt sich jetzt, peinlich überraschend, als Verfasser eines trivialen Schauer-Schinkens. «Die Besessenen» fanden sich nicht etwa, unveröffentlicht, in seinem Nachlaß. Als Fortsetzungsroman in (gleich) zwei polnischen Zeitungen sind sie vom 4. Juni bis zum 30. September 1939 Folge um Folge erschienen, bis auf die letzten zehn Seiten. Vier

Jahre nach Gombrowicz' Tod, 1969, wurde das Buch, durch Zufall, wiederentdeckt, die letzten zehn (unveröffentlichten) Seiten sogar erst 1986.

Aus den Wirren des Krieges allein läßt sich dieser ‹Zufall› nicht erklären. Gombrowicz war im August 1939 zu einer Jungfernfahrt, der Einweihung einer Seeverbindung zwischen Polen und Südamerika, nach Buenos Aires gestartet. Als er dort eintraf, hatte der Zweite Weltkrieg begonnen. Eine mehrmonatige Reise war geplant. Vierundzwanzig Jahre sind daraus geworden. Ein Exil-Pole, sonderlich, sonst: nichts (Anm.: vgl. Schreibhaft 33, Mai 1989, Rigodon Verlag, Essen). Erst in den späten fünfziger, den frühen sechziger Jahren verbreitete sich, in kleinen eingeweihten, das heißt ausgewählten Kreisen allmählich sein Ruhm. Als er, 1963, nach Europa zurückkehrte, ein Jahr in Berlin blieb, sich dann in Vence, Südfrankreich, niederließ, da war ihm der Nimbus eines «Dichterfürsten» (Czeslaw Milosz) schon vorausgeeilt. Populär freilich ist er nie geworden, bis heute nicht. (Die verdienstvolle Gesamtausgabe des Hanser Verlages, die inzwischen vorliegt, hat daran nichts ändern können.) Er wollte es wohl auch nie werden. Nur diesen einen Fehltritt hat er sich gestattet, allerdings, Gentleman, der er war, darüber geschwiegen.

«Die Besessenen» sind, schlicht gesagt, ein Lese-Leckerbissen. Ohne schlechtes Gewissen läßt sich schmökern, schließlich heißt der Autor Gombrowicz. Und jeder Landschullehrer darf mal in die Suppe spucken, denn die Mängel liegen auf der Hand. Ein Roman, so mysteriös wie Edgar Allen Poe, so magisch/zauberhaft wie das bekannte «Geisterhaus» (nur doch ein bißchen besser geschrieben!), so handlungsreich/verwegen wie unser Erfolgs-Simmel. Eine wahrhaft populäre Mischung. Dabei, getreu der Maxime des Autors: «Je klüger, desto dümmer», keineswegs schlecht. Die Schwächen sind so offenkundig wie es die aus der überreichen Handlung entwickelte Spannung ist, auf die sie, zum Teil, zurückzuführen sind. Dort, wo Gombrowicz die (wie es in Frankfurt heißt) Wutz rauslassen will, kommt doch nur ein polnischer Spätromantiker zum Vorschein, der die klassische Lehre begriffen hat, daß erst die böse Kraft das Gute schafft. Er greift hemmungslos in die Trickkiste des Schauerromans. Er überdehnt die Intrigen bis hin zur Parodie. Vielleicht läßt sich gerade deshalb dieser Roman als eine Allegorie jener polnischen Verhältnisse lesen, die – nur leicht überzeichnet – den Hintergrund des Geschehens abgeben. Und nicht nur Maja, die junge Gutsbesitzerstochter, die am Ende zu ihrem Tennistrainer findet, transportiert ein gutes Stück Autobiographie. Polyka, der Gutshof, der als Pension dient; Myslocz, das Schloß des Fürsten; Warschau in den dreißiger Jahren; die polnische Gesellschaft der Zeit – Schauplätze und Personal lassen die Schauergeschichte hinter sich.

Der Fehltritt des «Dichterfürsten» erweist sich als Glücksfall fürs Lesevolk. Als sich nach den ersten Folgen dieses Fortsetzungsromans, damals, 1939, in Polen, herausstellte, daß es tatsächlich einen Tennistrainer mit Namen Walczak gibt, wurde, auf Seite 49 des Buches, dieser Name in Leszczuk verändert. Als ich, nach Seite 387, begriffen hatte, welch wundersamen Schauerroman dieser Witold Gombrowicz uns hinterlassen hat, hat sich, für mich, die Bedeutung seines Namens kräftig verändert. Ich frage mich nur, wo mag er seine Leiche gehabt haben, im Keller oder im Kopf?

Für den SPIEGEL geschrieben

Eine kleine Literaturgeschichte

«An der Quaimauer unseres Flusses hatte sich eine sehr große Menschenmenge gesammelt. In den Fluß gefallen war der Regimentskommandeur Sepunov. Er verschluckte sich in einem fort, sprang bis zum Bauch aus dem Wasser, schrie und versank wieder im Wasser. Er schlug mit den Armen nach allen Seiten und schrie wieder um Hilfe.

Die Menge stand am Ufer und schaute mit finsterer Miene zu.

– Er geht unter – sagte Kuzma.

– Klar geht er unter – bestätigte ein Mann mit einer Schirmmütze. Und tatsächlich, der Regimentskommandeur ging unter.

Die Menge begann sich zu verlaufen.» (Daniil Charms)

Es ist das Schöne an solchen, aus dem Leben gegriffenen Geschichten, daß sie sich auf Gott und die Welt, das sowjetische Militär, die deutsche Literatur und, zur Not, auch auf die deutsche Literaturkritik zwanglos beziehen lassen.

Ich bin Kritiker, von Berufs wegen. Literaturkritiker, und damit Angehöriger einer Branche, die ziemlich in Verruf gekommen ist. Aus guten, alten und zudem vielerlei Gründen. Goethes, noch ganz im Geiste der großen humanistischen Tradition erhobene Forderung: «Schlagt ihn tot, den Hund, er ist ein Rezensent.» – wird auch heute noch, in diesen post-humanistischen Zeiten, gerne zitiert, von betroffenen Autoren, versteht sich, aber auch von Teilen eines Publikums, denen oft genug die Kritik als solche suspekt erscheint. Ich denke hier, offen gesagt, gerne an den großen Kritiker Walter Benjamin, der zum Zwecke des Selbstschutzes eine alte chinesische Weisheit erfunden hat: «Jeder kann seine eigene Meinung haben, aber manche verdient Prügel.»

Gleichwohl: der Ruf der Literaturkritik ist schlecht. Sepunov, wäre er nicht Kommandeur, sondern Kritiker gewesen, die Menge hätte ihm allenfalls mit trockenem Ratschlag geholfen. Der schlechte Ruf der Kritik hat jedoch, wie die Geschichte zeigt, eine gute Tradition. Von Lichtenbergs Bemerkung an, «Unter die größten Entdeckungen, auf die der menschliche Verstand in der neuesten Zeit gefallen ist, gehört meiner Meinung nach wohl die Kunst, Bücher zu beurteilen, ohne sie gelesen zu haben.», über Ezra Pound, «Es ist Zeitvergeudung, Leuten zuzuhören, die sich nicht genug auf etwas verstehen, um es auszuüben.», bis hin zu der festen Überzeugung des standhaften Alemannen Martin Walser, der glaubt, daß die Kritiker morgens das Buch lesen, das sie dann nachmittags beurteilen, also kurz gesagt, durch die ganze Literaturgeschichte hindurch zieht sich diese Schleimspur der Verleumdung eines, ja meines Gewerbes.

Ernst Robert Curtius, sowohl Romanist wie selbst ein Kritiker von hohen Graden, zweifelte, nicht nur deshalb, daran, daß die Literaturkritik im, wie er sagte, «deutschen Geistesleben» jemals eine «anerkannte Stelle» gehabt habe.

Walter Boehlich, gewissermaßen ein Schüler von Curtius, brachte das Problem, einige Jahre nach dem Tode seines Lehrers, auf die lapidare Formel: «Die Kritik ist tot.» Das war, Gott sei es geklagt, neunzehnhundertachtundsechzig. Eben. In dieser Zeit, als das Kursbuch mit Boehlichs «Autodafé» herausgekommen war, schrieb ich an meiner ersten Rezension – für die damals durchaus renommierte Frankfurter Studentenzeitung «diskus». Wilhelm Raabes Einsicht, man muß viele Bücher lesen, um zu erkennen, welche man ungelesen lassen kann, war mir damals noch nicht bekannt. Dafür war mein Tonfall um so bestimmter.

Ich lebe davon zu lesen, um danach, wenn auch naturgemäß nicht immer, über das, was ich gelesen habe, zu schreiben, bzw., seit ich für das Fernsehen arbeite, zu sprechen. «Wer das Nichtstun ebenso wie die Arbeit scheut, findet leicht zum Buch.» Die Erkenntnis von Peter Brückner mag erklären, wie auch ich zu meiner Tätigkeit gekommen bin. Ich lese gerne und scheue mich regelrecht, von Arbeit zu sprechen. Nach wie vor macht mir meine Tätigkeit Spaß. Noch vor wenigen Jahren hätte ich bedenkenlos die Literaturkritik als ein Modell nicht-entfremdeter Arbeit propagiert, vielleicht mit der leichten Einschränkung versehen: unter den gegenwärtigen Bedingungen. (Unterdessen ist mir weniger die Kritik suspekt geworden, vielmehr zweifle ich ein bißchen an den Möglichkeiten, die Entfremdung, auch die Arbeit, aufzuheben.) Nach wie vor macht mir also meine Tätigkeit Spaß. Ich kann mir die Bücher selbst aussuchen, die ich lesen, über die ich in der einen oder anderen Weise schreiben will. Ich kann, im wesentlichen wenigstens, auch das schreiben, was ich will. Ich kann sogar, wenn mir viel daran liegt, auch so viel schreiben, wie ich will. Nicht fremd-, sondern selbstbestimmt scheint diese Tätigkeit zu sein. Und damit noch nicht genug: aufgrund dieser Tätigkeit, aufgrund der Tatsache, daß ich über lange Jahre Mitglied der Jury der SWF-Bestenliste war, jetzt, seit 1990, die entsprechende Redaktion beim SWF leite, erhalte ich fast täglich ein, meist sogar mehrere Päckchen oder Pakete mit neuen Büchern, bestellt, unbestellt, von manchen Verlagen das gesamte Programm. Da ist viel unterhaltsame Massenware dabei, einiger Schund, aber in der Regel wenigstens ein Buch, das ich mit Vor-Freude schon auspacke, mit einer Art von Glücksgefühl in der Hand halte und mich schließlich darauf freue, es (bald, irgendwann, hoffentlich) zu lesen. Ich bin, um diese Beschreibung abzukürzen, ein Bücherfetischist (geblieben). Häufig bekomme ich auch zuweilen herzerschütternde Anfragen, mir doch bittebitte dieses oder jenes Buch ‹einmal anzusehen›. Bei gutgemeinten Gedichten sind diese manchmal episch breiten Bitten besonders ergreifend zu lesen. Doch auch so mancher Verlagslektor schreibt schon einmal vorweg, welchen Braten er in der Röhre hat. So wird es zuweilen schwer, zwischen Gefallen und Gefälligkeit noch rechtzeitig und nicht erst im nachhinein zu unterscheiden.

Ich bin also, wenn man so will, ein kleines Opfer des Betriebs und zugleich ein Rädchen im Getriebe.

Ich muß versuchen, meine Nase in den Wind zu hängen, um – nach Möglichkeit an prominenter Stelle, und dort wird es bekanntlich immer eng – diesen oder jenen ‹wichtigen Titel› der jeweils gerade anlaufenden Saison entsprechend zu plazieren. Ich muß, um einen Marktwert zu erhalten, mich am Markt orientieren und, wie es unsere einstigen Brüder und Schwestern aus den neuen Bundesländern schmerzhaft lernen, die Marktgesetze kennen und beachten. Ich muß, weil meine Naivität und Borniertheit irgendwo schon eine Grenze hat, gelegentlich, oft genug freilich erst im nachhinein, das ‹Windei› erkennen, das ich selbst, die Backen voll, mit auf- bzw. ausgeblasen habe. Das heißt: gelegentlich gelingt es mir, ein in der Regel positives Urteil zu identifizieren, das sich weniger meinen eigenen, vielleicht hausbackenen Kriterien, sondern viel eher und mehr der geschmeidigen Anpassung an einen gerade herrschenden Trend verdankt. Das heißt: zuweilen unterläuft es mir, etwas zu produzieren, das meinen bewußten Intentionen wenn nicht widerspricht, so doch keineswegs genügt.

(Ich habe diese Ansicht, wenn ich mich richtig erinnere, Ende der achtziger Jahre auf irgendeiner Tagung, schon einmal geäußert. Mit dem Erfolg: daß man mir mächtig auf die Finger klopft hat. Dabei wollte – und will – ich doch eigentlich nur die Beschreibung, die ein Frankfurter Philosoph, allerdings auf die Musik bezogen, «Der Fetischcharakter der Musik und die Regression des Hörens» waren seine Überlegungen betitelt, von solchen Mechanismen gegeben hat, auf meinen, den Bereich der Literaturkritik übertragen.)

«Literatur lebt nur dann, wenn sie sich maßlose Ziele setzt.» So behauptet Italo Calvino. Danilo Kiš hält dagegen: «Behalte folgende Maxime immer im Sinn: ‹Wer das Ziel erreicht, verfehlt das Übrige.›» Oder, anders, Octavio Paz: «Literatur beginnt, wenn einer sich fragt, wer spricht in mir, wenn ich spreche?»

Es könnte, wenn ich die Zeichen richtig deute, Hans Magnus Enzensberger gewesen sein, der unwillkürlich und wohl auch überraschend in mir sprach, wenn ich sprach, weil er, oft genug, etwas vorweg gesagt hat, was dann, später zum Allgemeingut, schließlich zum Gemeinplatz geworden ist.

Als im Jahre 1978, es ist also schon ein paar Tage her, die sich über dreiunddreißig Gesänge (und einige ungezählte Gedichte) erstrekkende «Komödie» Enzensbergers «Der Untergang der Titanic» erschienen ist, dürfte der, im Untertitel «Komödie», versteckte Hinweis auf den geschichtsphilosophisch verkleideten Pessimismus Friedrich Dürrenmatts, demzufolge allein die Komödie noch unseren gegenwärtigen Verhältnissen gerecht werden kann, den meisten Lesern, vor allem aber den damaligen (und das heißt heute: den einstigen) Genossen des Autors entgangen sein. Es war damals auch kaum zu erkennen, daß sich Enzensberger, pfiffig, geistreich, wendig und dem Zeitgeist seit jeher schon einen Schritt voraus, mit diesem Versepos gleichsam die Achse erschrieben, um die er sich mitsamt seinem Werk seitdem und bei zunehmendem Alter in verminderter Umdrehungszahl bis heute dreht.

Es war damals, 1978, noch nicht zu erkennen (vielleicht nicht einmal vom Autor selbst), daß dieser poetische «Untergang der Titanic» eine Zäsur in der bundesrepublikanischen Literaturgeschichte, ja mehr noch einen Bruch in der Nachkriegsgeschichte der Bundesrepublik Deutschland markiert: das erste Vorzeichen von 1989. Enzensberger läßt nämlich nicht allein die Titanic noch einmal untergehen, sondern, wahrhaft radikal, wirft er auch das Strandgut noch einmal und damit endgültig über Bord, auf das sich die (vermeintlichen) Erben der (vermeintlich) untergegangenen bürgerlichen Gesellschaft so eilfertig wie kurzsichtig gestürzt hatten.

Was einst der Untergang der Titanic, zu Beginn dieses Jahrhunderts, für das bürgerliche Bewußtsein bedeutet hatte, das schreibt Enzensberger, am beginnenden Ende dieses Jahrhunderts, dem spätbürgerlichen Bewußtsein ein, gleich, ob traditionell links, neu-links oder konservativ orientiert – den Abgesang auf jeden Fortschrittsglauben, den Verzicht auf Utopie. Enzensberger hatte damals schon das Knistern des Eises gehört, das elf Jahre später erst mächtig in Bewegung kam. In der frühen, tatsächlichen Kollision mit dem Eisberg hatte die bis dahin ungebrochene Fortschrittseuphorie des 19. Jahrhunderts einen kräftigen Knacks bekommen. Doch der Bruch, der sich da abzeichnete, blieb, so schien es der Linken, damals ohnehin und bis in die späten siebziger Jahre hinein, eine innere Angelegenheit der bürgerlichen Gesellschaft, die – sichtbar – vor ihrem Untergang stand. Die Arbeiterbewegung, ja die europäische Linke überhaupt hat weder begreifen wollen noch begreifen können, daß sie die Energie ihrer Emanzipationsbewegung aus der gleichen Quelle bezogen hat. Von Marx an spätestens bis mindestens zu Marcuse haben die Theorien der Linken ihre Überzeugungskraft aus jenem Utopie-Potential geschöpft, der Idee des Fortschritts, die spätestens in dem arktisch kalten Wasser, «Position 41° 46' Nord 50° 14' West», mit untergegangen war. Die Logik der Geschichte, derzufolge die fortschreitende Entwicklung der Produktivkräfte die Fesseln der Produktionsverhältnisse sprengen wird, war – unbemerkt – mit angeschrammt worden. Die Linke hat weiter, 1912 und 1914, über den Ersten Weltkrieg hinaus, 1933 und 1945, beim Zusammenbruch der nationalsozialistischen Herrschaft, bis 1968 an ihren Utopien festgehalten: der Vorstellung einer anderen, besseren, freien Gesellschaft, an der Idee einer Versöhnung von Mensch und Natur. Auch wenn die Gesellschaften des real existierenden Sozialismus mindestens ebensoweit von der Realisierung solcher Ideen entfernt waren wie die Länder auf der anderen Seite des Eisernen Vorhangs, die spätkapitalistischen Gesellschaften des Westens, wenn nicht weiter noch, so hat doch der Zusammenbruch des sozialistischen Lagers (ein, übrigens, seit jeher sehr treffender Ausdruck) auch die Idee in Mitleidenschaft gezogen. Jeder Versuch, utopische Gehalte zu verwirklichen, muß sich, auch künftig, die Opfer, die der Sozialismus gefordert hat, vorhalten lassen.

1978, in seinem «Untergang der Titanic», hat Enzensberger bereits gründlich, wenn auch noch weitgehend unbemerkt, mit unseren Illusionen aufgeräumt. Der dritte Gesang beginnt mit den Versen:

«Damals in Habana blätterte der Putz ab
von den Häusern, am Hafen stand unbeweglich
ein fauler Geruch, üppig verblühte das Alte,
der Mangel nagte Tag und Nacht
sehnsüchtig am Zehnjahresplan, und ich
schrieb am *Untergang der Titanic*.
Schuhe gab es nicht und keine Spielsachen
und keine Glühbirnen und keine Ruhe,
Ruhe schon gar nicht, und die Gerüchte
waren wie Mücken. Damals dachten wir alle:
Morgen wird es besser sein, und wenn nicht
morgen, dann übermorgen. Naja –
vielleicht nicht unbedingt besser,
aber doch anders, vollkommen anders,
auf jeden Fall. Alles wird anders sein.
Ein wunderbares Gefühl. Ich erinnere mich.»

Der Erzähler dieser lyrischen Komödie vom «Untergang der Titanic» erinnert sich auch, daß er das Gedicht über diese Katastrophe schon einmal geschrieben hatte, zehn Jahre zuvor, damals in Kuba. Während er, zehn Jahre später, in Berlin schreibt, steht ihm noch einmal vor Augen, was er damals geschrieben hatte. Enzensbergers Gedicht will auch als eine Kritik an der Geschichtsphilosophie gelesen werden. Dieses Gedicht reagiert damit, paradox, auf den allerdings bemerkenswerten Umstand, daß alle nachhegelische, nachmarxsche Geschichtsphilosophie ihre Energie aus der Ästhetik bezogen hat, zuweilen implizit, meist jedoch wie bei Bloch und Benjamin, bei Lukács und Adorno ausdrücklich.

Samuel Beckett schreibt in seinem frühen, übrigens auch ‹kritischen› Text «Dante ... Bruno, Vico ... Joyce» bemerkenswert überschwenglich: «Literarische Kritik ist keine Buchhaltung.»

Schon der Augenschein spricht in unserer nach wie vor arbeitsteilig organisierten Gesellschaft für die fortwährende Geltung dieser Aussage. Gleichwohl sind Literaturkritik und Buchhaltung zueinander in Beziehung gesetzt. Vielleicht ist die Kritik tatsächlich, solch ein Verdacht wurde in jüngerer Zeit schon mehrfach geäußert, zu einem von der Buchhaltung gesteuerten Instrument geworden. Ich habe, vor einigen Jahren, dafür einmal die Formel gewählt:

– Literaturkritik ist eine Agentur der Kulturindustrie. Die Kritiker sind deren Agenten. Sie sind ein Werkzeug im Dienst der Verlagswerbung. Aber, nicht nur, weil mir diese vollmundige Behauptung auch etwas einseitig erschien, habe ich eine zweite Behauptung dagegengestellt, vor allem, weil erst das Spiegelbild des Abdrucks die richtige Seite der Medaille zeigt. Also:

– Literaturkritik ist nach wie vor ein autonomes Instrument der bürgerlichen Öffentlichkeit.

Ersichtlich widersprechen die beiden Behauptungen einander. Der Widerspruch läßt sich wiederum in eine dritte Behauptung fassen:

– Literaturkritik kann nur deshalb noch als eine Agentur der Kulturindustrie funktionieren, weil sie nach wie vor als ein Instrument der bürgerlichen Öffentlichkeit legitimiert ist. Anders gesagt: sie kann ihren Bestand an Autonomie nur dadurch bewahren, daß sie sich in den Dienst der Kulturindustrie stellt.

Ein kleiner Rück-Blick auf die Geschichte der Kulturkritik kann, wie ich hoffe, das Verständnis aller drei Behauptungen erheblich erleichtern. Hans Mayer hat in der Einleitung zu seiner breit angelegten Dokumentation «Deutsche Literaturkritik», die immerhin den Zeitraum zwischen 1732 und (sic!) 1968 abdecken will, einen, auf den ersten Blick sicher überraschenden Vergleich vorgeschlagen, nämlich die frühe Entwicklungsgeschichte der deutschen Literaturkritik aus der Perspektive des Montesquieuschen Prinzips der Gewaltenteilung zu betrachten. Dieser eherne Grundsatz des bürgerlichen Verfassungsstaates, der noch immer die normative Grundlage seines Selbstverständnisses abbildet, auch wenn er da und dort faktisch ein wenig ausgehöhlt erschienen sein mag, diese Trennung von legislativer, judikativer und exekutiver Gewalt könne, meint Mayer, versuchsweise auf den Bereich der Ästhetik übertragen werden. Gewaltenteilung meine dann «den inneren Zusammenhang zwischen allgemeiner ästhetischer Gesetzlichkeit, konkretem Kunstschaffen und Kunstrichtertum». Das Nebeneinander von Parlament, Justiz und Regierung wird dabei allerdings als Nacheinander beschrieben.

Im 18. Jahrhundert, die Gewalten sind, staatsrechtlich wie auch kunsttheoretisch gesehen, faktisch noch ungetrennt, aber begrifflich bereits unterschieden, bildet sich im Zuge der Aufklärung, d. h. im Zusammenhang des Emanzipationsprozesses der bürgerlichen Gesellschaft, die Literaturkritik als eine eigenständige Institution heraus. Exekutive und Judikative sind in der Kunst auch noch eng miteinander verbunden, meist in Gestalt einer Personalunion von Autor und Kritiker. Beide sind gleichermaßen an ein vorgegebenes Gesetz gebunden, dessen Geltung unbestritten ist: die Poetik des Aristoteles. Die Trennung von Theorie und Kritik erlaubt es aber schon, die Rolle des Kritikers als eines Vermittlers zwischen allgemeinem Gesetz und besonderem (d. i. konkretem) Kunstwerk zu bestimmen. Mayer: «In diesem ganzen Bereich der Aufklärung ist die Funktion der Literaturkritik richterlicher Art. Sie ist in gewissem Sinn der ausführenden literarischen Produktivität benachbart. Keinesfalls aber ist sie selbst normativ, gesetzgebend, regelstellend.»

Entscheidend dabei erscheint mir, und damit möchte ich über den formal angelegten Vergleich Hans Mayers hinausgehen, daß schon hier der Kritiker im Namen einer allgemeinen Vernunft ein (sein) öffentliches Richteramt beansprucht. Sein Urteil reklamiert Objektivität. Er mißt das einzelne Werk an der allgemeinen Regel und legt sein Urteil dem Publikum zur Überprüfung vor. Als «Privatmann» steht er, wie Peter Uwe Hohendahl diesen Sachverhalt beschreibt, «ohne Vorrechte unter Privatleuten». Sein Anspruch, gehört zu werden, ist allein durch, wie wir es heute nennen würden, sachliche Kompetenz begründet. Gleichwohl bleibt die öffentliche Meinung, wie Hohendahl betont, die letzte Instanz.

Im Unterschied zu dieser judikativen Bestimmung der Kritik nennt Mayer nun die Auffassung von Literaturkritik, die sich zur Zeit der Weimarer Klassik, von Goethe, Schiller & Co also, herausbildet, «gesetzgeberischer Art». Der Kritiker soll, so wollen es, ungeachtet einiger Differenzen im Detail, Schiller und Goethe gleichermaßen, selbst die Normen des Kunstwerks (er-)finden und erläutern. Mayer: «Der Kritiker gehört nicht mehr zur richterlichen Gewalt, sondern zur Legislative.»

Erkennbar wird dabei, daß nicht nur die überlieferten Gesetze der Kunst und Literatur ihre ‹ewige› Geltung verloren haben und, wie Mayer es nennt, durch das Prinzip der Idealisierung ersetzt worden sind. Erkennbar wird auch, das heißt vor allem, daß die immanente Bestimmung der Kritik, man könnte von ihrem Selbstverständnis sprechen, und ihre gesellschaftliche Begründung bereits ein Stück weit auseinanderklaffen.

Die Romantiker schließlich, die Kunst nicht mehr als ein Abbild der Wirklichkeit und nicht als deren Idealisierung begriffen haben, stehen bei Hans Mayer für die dritte Instanz der Gewaltenteilung ein: für den «Kritiker als Exekutivmacht». In Friedrich Schlegels Konzeption einer progressiven Universalpoesie überbietet die Kunst die Wirklichkeit und – darin liegt die Pointe – die Kritik das Kunstwerk. Der Kritiker potenziert die Reflexion, die dem Kunstwerk eingeschrieben ist. In diesem Sinne wird der Kritiker exekutiv: er führt aus, was im Werk angelegt ist.

Mit dieser (romantischen) Bestimmung von Kritik hat sich ihr Selbstverständnis endgültig von seiner gesellschaftlichen Einbindung gelöst. Literaturkritik tritt nicht länger als Instrument der öffentlichen Meinung auf. Sie will nicht vermitteln – zwischen dem Werk auf der einen, dem Publikum auf der anderen Seite. Sie bleibt allein und ausschließlich dem Werk verpflichtet. Friedrich Schlegel, auch darin Wortführer der ganzen Schule, meinte in diesem Zusammenhang so barsch wie trocken: «Der Zweck der Kritik, sagt man, sei, Leser zu bilden. – Wer gebildet sein mag, mag sich jedoch selbst bilden. Dies ist unhöflich, steht aber nicht zu ändern.»

Dieses romantische Konzept von Literaturkritik, wie es sich vielleicht am deutlichsten in den Fragmenten von Friedrich Schlegel darstellt, hat eine lange und bedeutsame Wirkungsgeschichte, die unter anderem über den jungen Georg Lukács, den (nicht nur) jungen Walter Benjamin bis zur sog. Frankfurter Schule, also über Adorno bis in die Gegenwart reicht. Adorno zufolge bedarf die Kunst der Kritik, «die sie interpretiert, um zu sagen, was sie (die Kunst) nicht sagen kann, während es doch nur von der Kunst gesagt werden kann, indem sie es nicht sagt».

Hier verschränken sich, um schon einmal vorweg darauf hinzuweisen, die Entwicklungslinien der Literaturkritik mit denen der (ästhetischen) Moderne. Der Prozeß, der von Baudelaire bis zu Beckett, von der Verdichtung bis zum Verstummen führt, löst die Kritik endgültig aus einer gesellschaftlichen Vermittlerrolle.

Die Tradition einer so verstandenen Kritik grenzt sich deutlich von den Vorstellungen ab, die von dem Modell einer liberalen bürgerlichen Öffentlichkeit ausgehen und, auf die Annahme einer allgemeinen Vernunft gestützt, in der Kritik das Instrument sehen, das zwischen dem Publikum, das ziemlich verständnislos diesen Prozeß verfolgt, und den Künstlern, die ihre Werke immer mehr gegen unmittelbares Verständnis abdichten, vermitteln könnte. Die so verstandene Kritik grenzt sich auch deshalb so entschieden ab, weil die Vermittlungsfunktion zwischen Autor und Werk auf der einen und Publikum bzw. Öffentlichkeit auf der anderen Seite an den Markt, damit an die Gesetze des Marktes, also an primär ökonomische Mechanismen gebunden ist. So kann es kaum mehr überraschen, daß Hans Mayers groß angelegter Vergleich zwischen den Entwicklungsphasen der deutschen Literaturkritik und den drei Gewalten einer bürgerlich verfaßten Gesellschaft schon bei den Romantikern, nach nicht einmal hundert Jahren, wieder endet.

Die Romantiker stehen für die Exekutive. Und was folgt, steht – ja, wofür. Hans Mayer hat aus diesem an sich bemerkenswerten Sachverhalt keinerlei Konsequenzen gezogen, obwohl sich hier der durch Jürgen Habermas berühmt gewordene Begriff vom «Strukturwandel der Öffentlichkeit» geradezu aufdrängt. Mit diesem Begriff ist nämlich die veränderte Stellung und Funktion der Kritik zugleich mitbeschrieben. Die bürgerliche Öffentlichkeit war, wie wir wissen, nie, was sie immer zu sein vorgab. Der Begriff einer allgemeinen Vernunft, auf den sie sich bezog, war, wie wir ebenfalls gelernt haben, stets partikularen Interessen unterworfen. Peter Uwe Hohendahl hat die daraus folgende Schwierigkeit festgehalten: «Ist die öffentliche Meinung als falsches Selbstverständnis der Bourgeoisie einmal aufgedeckt, entfällt für die Kritik die Legitimation durch das Publikum. Denn dieses Publikum ist nicht mit der Allgemeinheit identisch.»

Damit wird nun auch die Bindung zwischen immanenter Bestimmung der Kritik und ihrer gesellschaftlichen Funktion gelöst. Anders gesagt: auch die Kritik wird damit gleichsam autonom – und das heißt: nur noch den Gesetzen des Marktes unterworfen.

Hohendahl folgert daraus: Die Kritik «war zugeschnitten auf die bürgerliche Öffentlichkeit. Mit deren Zerfall verlor sie ihre institutionelle Basis.»

Ich möchte genau das Gegenteil behaupten: Jene Tendenz, die sich erstmals deutlich bei der romantischen Literaturkritik ausgeprägt hat, nämlich die Abkoppelung von jeder gesellschaftlich/öffentlichen Vermittlungsfunktion zugunsten einer immer strikteren Bindung an das Werk und dessen (seinem eigenen Selbstverständnis nach durchaus gesellschaftlich bestimmten) Wahrheitsgehalt. Diese Tendenz kann, ja muß geradezu als Grundzug der Moderne begriffen werden. Doch die Autonomie hat ihren Preis. Was seit der «Dialektik der Aufklärung» Kulturindustrie heißt, beschreibt diesen Kostenfaktor. Gerade die Werke, die von Baudelaire bis zu Beckett, die Signatur der Moderne abbilden, vom l'art pour l'art bis hin zu den Avantgardebewegungen, haben sich dieser Ambivalenz stellen müssen.

Mit einer daraus begründeten Vorsicht und ohne sich zu entscheiden bringt Habermas diese Entwicklungstendenzen der Moderne auf die folgende Alternative: «Dieser Vorgang kann ebensowohl die Degeneration der Kunst zu propagandistischer Massenkunst oder kommerzialisierter Massenkultur wie andererseits auch die Umsetzung in eine subversive Gegenkultur bedeuten.» Nicht weniger ambivalent gilt Habermas das «Festhalten am formalistischen Kunstwerk», das zwar «einerseits den Zwängen zur Assimilation an die vom Markt bestimmten Bedürfnisse und Einstellungen der Konsumenten und damit einer falschen Aufhebung der Kunst widersteht», aber andererseits in seiner Esoterik die exoterische Rettung emphatischer Erfahrung verhindere. «Wahrheit», meint dagegen Adorno noch schlicht, klar und unmißverständlich, sei «objektiv und nicht plausibel». Das «Kriterium der Wahrheit» sei, sagte er weiter, «nicht an seine unmittelbare Kommunizierbarkeit gebunden».

Möglicherweise haben solche Unterscheidungen heutzutage an Bedeutung verloren. Adorno galt das Kunstwerk, etwas salopp gesagt, als Behälter für jene Flaschenpost, auf der, einer von Hanns Eisler überlieferten Anekdote zufolge, die Kritische Theorie ihre Einsichten für eine an der Wahrheit aufgeschlossenere Nachwelt notiert hatte (auch wenn, Eisler zufolge, Adornos Botschaft nur die Aussage enthalten habe: «Mir ist so mies.»).

Die Erfahrungen der jüngsten Geschichte könnten zu der Befürchtung verleiten, daß die Flaschenpost niemals abgeholt werden wird.

Das, was Habermas esoterisches Kunstwerk nannte, jenes Werk, das um der Wahrheit willen selbst seine Unverständlichkeit in Kauf nahm, lebt von der Hoffnung, daß sich irgendwann doch noch ein Interessent melden wird. Solche Hoffnung hat sich, so scheint es derzeit, vollends verflüchtigt. Sie läßt sich, sinnvoll, in der Kunst- und Literaturgeschichte rekonstruieren, ja sie beschreibt deren Gang, sie läßt sich aber nicht länger glaubhaft für die Gegenwart behaupten. Auf diese Weise entfällt die Alternative, die Habermas vor einigen Jahren noch bezeichnet hatte. Literatur ist gegenwärtig nicht als Asyl für gesellschaftliche Wahrheit gefragt. Punktum.

Wir könnten damit, die Vermutung drängt sich auf, unsere Flinte ins Korn werfen. Gewiß, nur sicherlich auch etwas voreilig. Wem der Zündschlüssel abbricht, der kann sein Auto verschrotten lassen. Nur nötig ist das nicht.

Der Klassenkampf ist abgeblasen. Mag sein, daß wir nach wie vor in einer Klassengesellschaft leben. Die gesellschaftlichen Auseinandersetzungen finden in anderer Form statt, unter anderem, wie ein schönes Wort besagt, als semantischer Bürgerkrieg. Es gilt, die Begriffe zu besetzen, die Formeln zu prägen, die unser postmodernes Bewußtsein im Entsorgungspark zwischengelagert nachrüstet. Auch der Begriff der Postmoderne selber taugt zur Kaschierung mancher Schwierigkeit.

Es gibt, so räumen selbst die Verfechter der Postmoderne ein, keine auch nur einigermaßen trennscharfe Bestimmung. «Das vieldeutige

Phänomen der Postmoderne läßt sich», schreiben Huyssen/Scherpe, «Mitte der 80er Jahre nicht oder noch nicht in einer Definition bändigen.» So ist es, und bis heute, in die 90er Jahre, ist es auch so geblieben. Postmoderne erscheint mir noch immer weniger als Begriff denn als Chiffre für eine Stimmung, die wesentlich an Negationen haftet. Die normative Kraft der Moderne ist tatsächlich geschwunden. Der Geltungsanspruch bestimmter Richtungen und Verfahrensweisen hat sich regelrecht verflüchtigt. Ehemals konkurrierende Schulen und Gruppen, die einander das Existenzrecht absprachen, begegnen sich in friedlicher Koexistenz und sozialarbeiterischer Gesinnung. Natürlich gibt es immer noch neue Variationen der experimentellen Literatur. Doch es fehlt das Pathos avantgardistischer Progressivität. Der, zuweilen plakativ verkündete, «Tod der Moderne» läßt sich vielleicht in einer mildernen Diagnose fassen, aber sozusagen substantiell kaum noch bestreiten. Tod hin, Tod her – ein Erbe hat sich bislang noch nicht blicken lassen. Die Bestandsaufnahme dessen, was Postmoderne heißen könnte, scheint mir auch deshalb so schwierig, weil ungeklärt ist, ob es hier überhaupt etwas zu erben gibt. Moderne meinte einmal weit mehr als nur einen kunst- bzw. literaturgeschichtlichen Epochenbegriff. Aufgrund ihrer geschichtsphilosophischen Begründung war die Moderne zugleich gesellschaftstheoretisch bestimmt. Erst aus der Verknüpfung von Ästhetik, Gesellschaftstheorie und Geschichtsphilosophie hat die Moderne ihre Dynamik bezogen. Erst diese Verbindung erlaubte es, Kunst und Literatur als «Vorschein» (Bloch) auszuzeichnen bzw., wie es eine Formulierung Adornos erkennen läßt, Kunst als den utopischen Ort zu bestimmen, in dem sich Nichtidentität unter dem universalen Zwang zur Identität frei entfalten kann. Kurz gesagt: die ästhetische Energie der Moderne war stets auf die gesellschaftliche Entwicklung bezogen.

Wenn Jürgen Habermas noch immer die Fortschreibung des, wie er es nennt, «unvollendeten Projekts der Moderne» fordert, dabei mit guten Gründen bemerkt, daß die Selbstaufklärung der Aufklärung nicht durch ihre Abschaffung zu leisten sei, so hat dies ersichtlich kulturpolitische Konsequenzen, doch kaum mehr ästhetische. Huyssen/Scherpe deuten in der Einleitung ihrer Bestandsaufnahme – «Postmoderne. Zeichen eines kulturellen Wandels» (1986) – das Problem allenfalls an. «Im Zeichen der Postmoderne erhebt sich die

Frage, ob und wie ein kultureller Gesamtzusammenhang westlich-kapitalistischer Gesellschaften in den 80er Jahren auszumachen und zu artikulieren ist. Der Prozeß der gegenwärtigen gesellschaftlichen Veränderung kann, wie immer benannt (postindustrielle Gesellschaft, Konsumgesellschaft, Vergesellschaftung durch elektronische Medien, Reproduktions- und Stimulationsgesellschaft, technologische Gesellschaft), doch recht genau beschrieben werden. Zweifelhaft ist jedoch unter dieser Voraussetzung die kulturelle Noch- oder Nachmoderne, ihre eher obsolete, zeitgemäße oder zukunftsträchtige Funktionsbestimmung.» Mir scheint vor allem zweifelhaft, ob sich an dem «Gesamtzusammenhang westlich-kapitalistischer Gesellschaften» überhaupt noch festhalten läßt.

Peter Bürger hat in seiner «Theorie der Avantgarde», bereits 1974 also, versucht, die verschiedenen Prozesse der Ausdifferenzierung begrifflich zu fassen. Das Scheitern des avantgardistischen Anspruchs der modernen Anstrengung überhaupt, die Schranke zwischen Kunst und Leben zu überwinden, mündete Bürger zufolge in einer «Institution Kunst» – und führte im Fortgang, so läßt sich heute zynisch konstatieren, zur Verwirklichung der ursprünglich gescheiterten Intentionen. Auf paradoxe Weise sind widersprüchliche Tendenzen zumindest scheinbar aufgehoben.

Bürgers Überlegungen verstanden sich ursprünglich noch als eine Fortschreibung der nur wenige Jahre zuvor erschienenen «Ästhetischen Theorie» Adornos. Bürger hielt, zumindest implizit, fest an der Unterscheidung von Kunst und Kulturindustrie, die sich heute nicht mehr halten läßt. Unser Alltag ist in einem derart weiten Maße ästhetisiert worden, die Grenzen insgesamt sind so fließend geworden, neue Mischformen, Zwischenbereiche sind entstanden, so daß bestimmte Produkte einer «Warenästhetik» (W. F. Haug) häufig mehr dem Prinzip esoterischer Kunst folgen als diese oft selbst. Entsprechend läßt sich heute Kunst kaum mehr als «gesellschaftliche Antithesis zur Gesellschaft» (Adorno) bestimmen; sie ist, im Gegenteil, zu einem sozialen System neben anderen geworden, und entsprechend konziliant gegenüber dem, was einmal das Ganze hieß. Der utopisch-revolutionäre Impuls, der die Moderne einmal bewegt hat, versickert mehr und mehr in immer bescheidener dimensionierten neuen Funktionsbestimmungen von Kunst und Kultur in unserer sowohl Zweidrittel- wie Freizeitgesellschaft. Es geht der Kunst wie der

Kritik. Im Fortgang der Dinge hat sich ihre Autonomie vollendet – und damit (fast) aufgehoben.

«Gestern wird sein, was morgen gewesen ist.» Ein bekannter, und wohl nicht nur auf den ersten Blick paradoxer Satz, mit dem eine der großen Erzählungen aus der zweiten Hälfte unseres Jahrhunderts beginnt: «Das Treffen in Telgte» von Günter Grass. «Unsere Geschichten von heute müssen sich nicht jetzt zugetragen haben. Diese hier fing vor mehr als dreihundert Jahren an. Andere Geschichten auch. So lange rührt jede Geschichte her, die in Deutschland handelt.» Es ist eine Geschichte der Gruppe 47, die den größeren Teil der deutschen Literatur nach dem Zweiten Weltkrieg über Jahrzehnte geprägt hat, obwohl die Gruppe 47 im Ansturm der Studentenbewegung, 1968, zerfiel, das heißt im Grunde an den Widersprüchen der Moderne zerfiel. Radikaldemokratisches Engagement und avancierte ästhetische Positionen, wechselseitig aufeinander bezogen – dafür stand die Gruppe 47 (unter anderem) ein, wenigstens bis zu dem Zeitpunkt, bis zu dem dieser Anspruch nicht eingeklagt wurde.

Grass' «Treffen in Telgte» beschreibt die Geschichte der Gruppe 47 und ihres Mentors Hans Werner Richter. Nur ist diese Geschichte um dreihundert Jahre zurückversetzt, in das letzte Jahr des Dreißigjährigen Krieges. Dort, in Telgte, einem kleinen Ort zwischen Münster und Osnabrück, treffen sich Dichter, Kritiker und Verleger, um aus ihren Manuskripten zu lesen, darüber zu diskutieren und «vom Rande her», wie es so schön heißt, ein «politisches Wörtchen» mitzureden, in diesen chaotischen Zeiten. Alles, was Rang und Namen hat, kommt angereist, oft unter den abenteuerlichsten Umständen. Grimmelshausen und Gryphius, Paul Gerhardt und Hofmannswaldau, Logau, Zesen und – nicht Hans Werner Richter, der erst dreihundert Jahre später kam, sondern – Simon Dach, der sie, die Dichter, Kritiker, Verleger, damals eingeladen hat.

Es ist eine schöne, eine traurige, eine deutsche Geschichte, die Grass hier erzählt. Fiktion, gewiß doch. Was damals, 1647, nicht stattgefunden hat, aber selbstredend hätte stattfinden können, und zwar genau so, wie es bei Günter Grass erzählt wird, das fand, kaum anders als Grass es erzählt, dreihundert Jahre später, 1947, statt. Geschichte in die Literaturgeschichte projiziert und umgekehrt und, dadurch, in Bewegung gebracht.

«Wie nun aber die Kunst in der Natur und in den endlichen Gebieten des Lebens ihr Vor hat, ebenso hat sie auch ein Nach, d.h. einen Kreis, der wiederum ihre Auffassungs- und Darstellungsweise überschreitet. Denn die Kunst hat noch in sich selbst eine Schranke und geht deshalb in höhere Formen des Bewußtseins über. Diese Beschränkung bestimmt denn auch die Stellung, welche wir jetzt in unserem heutigen Leben der Kunst anzuweisen gewohnt sind. Uns gilt die Kunst nicht mehr als die höchste Weise, in welcher die Wahrheit sich Existenz verschafft.» Ist einmal «der vollkommene Inhalt vollkommen in Kunstgestalten hervorgetreten, so wendet sich der weiterblickende Geist von dieser Objektivität in sein Inneres zurück und stößt sie von sich fort. Solch eine Zeit ist die unsrige. Man kann wohl hoffen, daß die Kunst immer mehr steigen und sich vollenden werde, aber ihre Form hat aufgehört, das höchste Bedürfnis des Geistes zu sein.» Dieses Zitat ist bekannt, berühmt, berüchtigt geworden unter der Bezeichnung ‹Hegels These vom Ende der Kunst›. Dabei hat, siehe oben, Hegel keineswegs vom Ende der Kunst gesprochen, ebenso wenig wie, 1968, Enzensberger. «Man kann wohl hoffen, daß die Kunst immer mehr steigen und sich vollenden werde.» Aber Hegel hat der Kunst ihren Erkenntnischarakter abgesprochen, er hat sie nur noch als defizienten Modus von Erkenntnis begriffen, so wie Enzensberger, 1968, keine Funktion mehr fand, durch die sich Kunst legitimieren könnte, und ihr entsprechend gleichgültig gegenübertrat.

Nach Hegels Auffassung hatte sich die Kunstgeschichte vollendet – und damit stand, die Konsequenz dieser These, der gesamte Bestand der Tradition zur freien Verfügung. Dieser postmoderne Befund war damit der Moderne gleichsam vorgeschaltet. Vorausgesetzt war dabei der philosophische Kraftakt, auf dem das Hegelsche System überhaupt beruht. Der Gang der Weltgeschichte wird von Hegel als die Entfaltung der Vernunft in der Wirklichkeit begriffen. In der Rechtsphilosophie wollte er den Nachweis führen, daß tatsächlich die Vernunft wirklich und die Wirklichkeit vernünftig geworden ist. Aus dem Zweifel an dieser Identifizierung hat die Ästhetik in der Folge eine neue und bis dahin unbekannte Schubkraft entwickelt.

Odo Marquard, ein Gießener Philosoph, der auf den Zusatz «skeptisch» Wert legt und sich selbst einen «Transzendentalbelletristen» nennt, der mit so wunderbaren Wortschöpfungen wie «Inkompetenzkompensationskompetenz» und vor allem mit seinem «Abschied vom

Prinzipiellen» zum philosophischen Aushängeschild des postmodernen Marketings geworden ist, dieser Odo Marquard hat in einem frühen (sozusagen präpostmodernen) Aufsatz, «Kant und die Wende der Ästhetik», 1962, auf einen bemerkenswerten Umstand hingewiesen. Philosophie, die zur Ästhetik dränge, deute die Kunst nicht, um die Kunst zu verstehen, sondern um die Welt zu verstehen. Sie deute den Künstler nicht, um den Künstler zu verstehen, das Genie, dem – wie Kant es sagte – die Natur die Regel gibt, sondern um den Menschen zu verstehen. Wende zur Ästhetik meine mithin die Entstehung dieser Überzeugung: «also dies: daß die Ästhetik seit dem Ende des 18. Jahrhunderts und dem Anspruch nach bis heute zur diensthabenden Fundamentalphilosophie wird».

Die Wende zur Ästhetik gehöre damit in den Zusammenhang «der Abkehr von der (exakten) Wissenschaft als dominierender Macht und der Zuwendung zur Geschichte als dominierender Macht». Noch schärfer gefaßt: Ästhetik wird als Ausweg dort gebraucht, «wo das wissenschaftliche Denken nicht mehr und das geschichtliche Denken noch nicht trägt». Das, so Marquard immerhin schon 1962, sei seine These: «Der Zug zur Ästhetik entsteht aus der Hemmung des Verlaufs der Wende von der Wissenschaftsphilosophie zur Geschichtsphilosophie.»

Deshalb konnte Hegel, wie angedeutet, die Ästhetik getrost in die Ecke stellen. Deshalb kam die Ästhetik erneut ins Spiel, als die Hegelsche Geschichtsphilosophie verabschiedet wurde, und das war in den vergangenen zweihundert Jahren mehr als einmal zu beobachten.

Angefangen mit der «Theorie des Romans» von Georg Lukács, über Benjamin und Bloch, Adorno und Marcuse – die großen gesellschaftstheoretischen Visionen des 20. Jahrhunderts haben sich stets in einem ästhetischen Gewand präsentiert. Der historische, der politische Zugang zu dem utopischen Reservoir der Moderne wurde bei jedem Versuch, ihn zu öffnen, angefangen 1917, nur weiter verschüttet. Deshalb konnte Kunst, nach der Niederlage der europäischen Arbeiterbewegungen gegen den Faschismus, als Stellvertreter des Subjekts der Geschichte erscheinen.

So gesehen erweist sich die These Marquards allerdings auch als unscharf. Denn die «Ästhetische Theorie» Adornos, die 1970 posthum erschienen ist, darf mit Fug und Recht als die konsequenteste Explikation seiner Geschichtsphilosophie gelesen werden.

Und so gesehen läßt sich das Dilemma der Postmoderne gerade aus der Abkoppelung der Geschichtsphilosophie von der Ästhetik erklären.

Neue ästhetische Formen erlauben andere, neue Sehweisen der Wirklichkeit, erzeugen neue, andere Perspektiven. Beispiel: die Montage. Irgendwann haben sich diese neuen Sehweisen etabliert und gelten als gewöhnlich. Die schnelle Schnittfolge der Video-Clips, Langnese-Eis-Werbung etwa, die vor wenigen Jahren noch («das tut den Augen weh») als außergewöhnlich galt, ist heute zum Normalfall geworden. So müssen wieder neue, andere Formen her, um ... diese Bewegung in Gang zu halten.

Dieses Modell, von den russischen Formalisten entwickelt, zählt zu den Grundmodellen der Moderne. Es ist in seinem Kern, Form – Fortschritt, auf Geschichtsphilosophie bezogen, auf Bewegung nach vorn gerichtet, und damit dem utopischen Denken sehr nahe.

Fällt die Geschichtsphilosophie aus, die ja heute kaum mehr als das gilt, als was Hegel schon kurz nach seinem Tod galt, wenn auch vor allem wegen seiner Einschätzung als preußischer Staatsphilosoph, nämlich als «toter Hund», wie das Marx genannt hatte, fällt also die Bewegung weg, dann herrscht, was heute herrscht, Stillstand: das postmoderne Nebeneinander. Selbst die entschiedensten Verfechter eines geschichtsphilosophisch motivierten Denkens, wie Jürgen Habermas etwa, räumen heute ein, daß die «Idee» von «unversehrter Intersubjektivität» als «Vorschein von symmetrischen Verhältnissen freier reziproker Anerkennung» nicht «zur Totalität einer versöhnten Lebensform ausgemalt und als Utopie in die Zukunft geworfen werden» könne; einfacher gesagt, daß die Vorstellung einer freien, gerechten Gesellschaft, die das Glück des Einzelnen mit dem Wohl des Ganzen verbindet, zur Seite gelegt werden kann. Das utopische Moment des kritischen Denkens ist, so meine Folgerung, bei dem Versuch, es wissenschaftlich zu begründen, zu einer allenfalls noch heuristischen Kategorie verkümmert.

Wo geschichtliches Denken nicht mehr trägt, wird Ästhetik als Ausweg gebraucht, meinte (der präpostmoderne) Marquard.

Immer dann, wenn mächtige historische Veränderungen massiv ins Leben einschneiden, werden die damit verbundenen Hoffnungen von den dadurch erzeugten Ängsten überdeckt. Was die Zukunft bringen wird, bleibt erst einmal ungewiß. Die Verluste sind sicher, absehbar, der Abbau traditioneller Lebensformen, der Zerfall. Wir erleben es gegenwärtig in unseren ‹neuen› Bundesländern. In der DDR ging es mehr schlecht als recht, gegenwärtig geht für viele gar nichts mehr. Schon im Fortschrittspathos von Goethes «Faust» klang etwas von den Ängsten an, die heute unsere Brüder und Schwestern, ‹drüben›, beherrschen. Der (geschichtsphilosophische) Weg von Kant zu Hegel führte damals die bürgerliche Gesellschaft über die Schwelle der industriellen Revolution.

Die 80er Jahre des 20. Jahrhunderts markieren sicher eine ähnlich bedeutsame Epochenschwelle. Doch der Zusammenbruch des real existierenden Sozialismus, der – eigentlich triumphale – Erfolg der westlich-kapitalistischen Gesellschaftsordnung hat wenig Euphorie erzeugt, keine grandiosen Visionen einer, sagen wir, hedonistisch/konsumfreudigen Freizeitgesellschaft vom Ural bis zum Atlantik, im Gegenteil, aufgrund des ökologischen Desasters, im Osten, wie sich gezeigt hat, weit schlimmer als befürchtet, aufgrund unsicherer ökonomischer Entwicklungen, sind auch hier eher Ängste erzeugt worden.

Es besteht, anders gesagt, kein Bedarf an Geschichtsphilosophie.

Dafür, ersichtlich, an Ästhetik.

Nur, so meinte einmal Heinrich Mann: «Was die Gesellschaft oder ein Jahrhundert werden, weiß die Literatur – oder niemand weiß es.»

In der «Verlegenheit eines nach New York verschlagenen Wissenschaftlers, von seinem Pult aus eine Ansprache über die westliche Welt gestisch zu illustrieren», lassen sich alle bislang hier gesammelten Schwierigkeiten gleichsam bündeln.

«Wie eine Vogelscheuche», meint Reinhard Lettau, «müßte er in zwei verschiedene Richtungen zugleich zeigen.» Warum? Lettau ist, wie er schreibt, aufgefallen, «daß hinsichtlich der Bezeichnungen der Himmelsrichtungen neue Überlegungen angestellt werden müssen», lange bevor Glasnost und Perestroika die Realität des existierenden Sozialismus zersetzten, als er nämlich «im Hafen von San Francisco gemeinsam mit seinem Freund das flache Dach seines Hauses bestieg», um von dort, mit harmloser Absicht, einen Blick über die Stadt zu gewinnen. In einer beiläufigen Wendung des Gesprächs brachte der Freund einige Eigenschaften der westlichen Welt zur Sprache und zeigte dabei auf den Pazifik hinaus, Richtung Rußland und China, auf jene Länder, die, was «als ausgemacht» gilt, «zum Osten gehören».

Fortan wird, so ist zu fürchten, jeder Versuch, einen fixen Standpunkt zu finden und ihn womöglich auch noch exakt zu bezeichnen, die Überlegungen berücksichtigen müssen, die, ich vermute anfangs der achtziger Jahre, unsere beiden Freunde auf dem Dach des Hauses am Hafen von San Francisco angestellt und in dem folgenden Dialog auch ausgestellt haben: «Wenn du in den Westen zeigst, zeigst du dann nicht in den Osten? Den Osten, rief er, haben wir schon im Osten! Ist es dann nicht ungünstig für euch, entgegnete ich, an beiden Küsten von Osten umgeben zu sein? Der wirkliche Osten, wenn ihr ihn sucht, ist im Westen, während der Westen, von dem ihr sprecht, weit im Osten entfernt ist!»

Dies sei, resümiert Lettau, «in groben Zügen, die Lage». Sein Vorschlag, «zur Ermittlung jenes vielleicht festen, vielleicht sich ein wenig bewegenden Fleckens, an welchem lokaler und universaler Standpunkt versöhnt wären», ausgerechnet «wissenschaftliche Hilfskräfte in angemessener Zahl» einzusetzen, rechnet nicht auf «ungeteilten Zuspruch».

Kürzlich, beim Umräumen und Sortieren meiner (nicht wenigen) Bücher, habe ich mehr durch einen Zufall meine allererste Rezension wiedergefunden. 1968 geschrieben, ein gutes Jahr bevor ich endlich das Abitur nachgemacht und, selbstverständlich, in Frankfurt zu studieren begonnen hatte, für die Studentenzeitung «diskus» geschrieben, und zwar – soweit er mir willig war – im Geiste der Kritischen Theorie. Gegenstand dieser Kritik, besser: ihr Opfer war ein seinerzeit für mich besonders bedeutsamer Schriftsteller, Henry Miller, mit der Erzählung «Stille Tage in Clichy». In den Büchern Millers, den legendären «Wendekreisen», dem hymnischen Plädoyer für eine Ästhetisierung des Lebens, «Big Sur und die Orangen des Hieronymus Bosch», las ich einen individuellen Glücksanspruch heraus, der – verbunden mit einer, in der Fiktion, freien Sexualität – schon etwas von dem späteren ‹Geist› der Revolte vorwegnahm.

Als «Stille Tage in Clichy» auf deutsch erschien, hatte ich Marcuses «Triebstruktur und Gesellschaft», die «Dialektik der Aufklärung» und die «Minima Moralia» von Adorno jeweils schon mehrfach gelesen. Und Miller diente plötzlich nur noch als Vorlage, die es nun mit dem ideologiekritischen Hämmerchen abzuklopfen galt. Diesem Vorsatz verdanken sich zum Beispiel die folgenden Formulierungen:

«Miller, der selbst gleichsam am Rande der Gesellschaft lebt, entdeckt, daß auch die, die ihren Körper verkaufen, noch Menschen sind. Er bekennt sich zu ihnen, den Huren, zu ihrem Milieu: ‹und was man einmal greulich, schmutzig, unwürdig fand, erscheint einem nun reizvoll, liebenswert und sogar schön›. Er hofft, jenseits vom ‹Paradies der Werbeagenturen›, bei denen das Glück zu finden, die außerhalb der bürgerlichen Gesellschaft das verkaufen, was auch innerhalb ihr schon zum Opfer gefallen ist – Liebe nämlich. In diesen Mädchen, die sich – sich verkaufend – nur zum Prinzip der bürgerlichen Gesellschaft bekennen, sieht Miller einen ‹Triumph der Ehrlichkeit›, den er gegen die ‹Fassadenwelt der Zivilisation› auszuspielen gedenkt. Freilich sticht diese Karte nicht: denn in den Huren, die ihren Körper als Ware betrachten, manifestiert sich nur am reinsten das Prinzip der Gesellschaft, vor der Miller auf der Flucht ist.» So weit, so gut. Doch ich ging damals noch weiter und schrieb: «Deshalb ist diese Sphäre tabuisiert. ‹Reine Liebe› wird ihr entgegengehalten, eine Liebe, die Miller in der Gesellschaft suchte, aber nicht fand, weil nämlich auch ihr, die herausgehalten werden sollte, widerfuhr, was allen angetan wird: ‹Das Tauschverhältnis, dem sie, durchs bürgerliche Zeitalter hindurch, partiell sich widersetzte, hat sie ganz aufgesogen.› (Adorno)» Und noch einmal zitiere ich Adorno wörtlich, mit einer jeden Einwand wegschmetternden Einsicht: «Nicht bloß die objektive Möglichkeit – auch die subjektive Fähigkeit zum Glück gehört erst der Freiheit an.»

Diese Rezension läßt, kraftvoll bis zum Naßforschen, eine Orientierung erkennen. Der, der das damals schrieb, wußte, wo es lang geht, auch wenn sich eben erst angelesene Einsichten, zum Teil noch unbeholfen, zum Ausdruck drängten. Ich möchte jetzt, hier, heute, aber keineswegs ein Büßerhemd anziehen. Im Gegenteil. Ich sehe nämlich, wenn ich diese, meine allererste Rezension, wenn ich überhaupt meine ‹frühen› Kritiken mit dem vergleiche, keineswegs nur Zugewinn, sondern auch, überdeutlich, Verlust – an Orientierung.

«Manchmal», so beginnt meine Besprechung des bislang letzten Romans von Otto F. Walter «Zeit des Fasans», «hätte ich das Buch am liebsten gegen die Wand geklatscht.» Getreu der ehrwürdigen Einsicht, nicht kleckern, klotzen, geht es dann auch weiter: «Da hat sich ein Bürger-Sprößling, stockkatholisch erzogen, aufmüpfig geworden, schließlich konvertiert, noch einmal mächtig gegen seine Herkunft gestemmt und dabei auch überhoben. ‹Nieder mit den Alpen! Freie Sicht zum Mittelmeer!› – mit diesem Sponti-Anspruch tritt er an, und sein sechshundertzwölf Seiten dicker Wälzer wälzt gut und gerne fünfzig Jahre Schweizer, deutsche, mitteleuropäische Geschichte als Endmoräne vor sich her: viel Geröll, viele Steine, imposante Findlinge.»

Die Formulierungen sind durch die Bank – noch – zu verantworten, nicht falsch, aber überzogen, vor allem kräftig.

Kein Mensch, und (wenn diese Unterscheidung gestattet ist) schon gar kein Redakteur hat von mir verlangt, so entschieden in die Tasten zu greifen und den wahrhaft honorigen Schweizer Schriftsteller Otto F. Walter als einen «Öko-Autor» zu bezeichnen (das heißt eher: zu denunzieren, zu beschimpfen). Man mag das Buch für mißlungen halten, darum geht es hier gar nicht. Meine Besprechung ist, über weite Strecken zumindest, am Rande des Effekts entlang geschrieben, mindestens ebenso an der Wirkung wie an der Sache interessiert. Und an dieser Grenze hört die Literaturkritik auf, beginnt der Kulturbetrieb.

Literatur ist, wie es Enzensberger 1968 proklamierte, in der Zwischenzeit tatsächlich belanglos geworden. Die Parole vom ‹Tod der Literatur›, die es bei Enzensberger so gut wie bei Hegel schon auf ein Mißverständnis zurückgeht, gewinnt ironisch an Recht. In ihr bezeugt sich die immer mehr schwindende Kraft der Negation. Schon dem Begriff der Kunst sei «das Ferment beigemengt, das ihn aufhebt», meinte Adorno, der dennoch an seiner Statthalter-Funktion der Kunst festhielt. Solange die reale Veränderung der Gesellschaft versperrt sei, sei auf die gesellschaftliche Antithesis zur Gesellschaft, eben die Kunst, nicht zu verzichten. Die Studenten damals haben das anders gesehen. Und ihr Angriff auf die Legitimationsgrundlagen der bürgerlichen Kunst hat denn auch Folgen gehabt, wenn auch nicht die erwünschten. Die massive Kritik an der Kunst hat den Erosionsprozeß der Moderne beschleunigt. Aber paradoxerweise lebte, wenn man so sagen darf, die Todeserklärung der Kunst selber von dem Fortschrittsgedanken, mit dem sie ihre Diagnose begründet hat. Der Fortschritt, das ‹Neue›, als Resultat formaler Innovation, gegen die jeweils etablierten Sehweisen gerichtet, ließ Kunst und Literatur (nicht etwaiger kritischer Inhalte wegen, sondern aufgrund ihrer

Form) als Einspruch gegen die gesellschaftliche Entwicklung erscheinen – und war nach dem Modus der bestimmten Negation zu begreifen.

Dieser Erosionsprozeß der Moderne ging, wie das Leben halt so spielt, einher mit einem Generationswechsel in der deutschen Literatur. Fast alle bedeutenden Autoren der Nachkriegszeit, Andersch, Böll, Dürrenmatt, Frisch usw., usw. sind tot. Diese Generation, die aufgrund ihrer historischen Erfahrungen Literatur nie nur als Literatur sehen konnte, hat sich deshalb zugleich als Repräsentanten einer bürgerlichen Öffentlichkeit begreifen müssen. Eine vielleicht illusionäre Selbsteinschätzung, wie die studentische Kritik gezeigt hat. Spätestens in den achtziger Jahren ist die marginale Stellung der Literatur in unserer Gesellschaft (alte Bundesländer) auch ihren Produzenten, von Günter Grass vielleicht abgesehen, bewußt geworden.

Kunst und Literatur haben sich in dieser Zeit als ein eigenständiges gesellschaftliches System fest etabliert. Literatur ist belanglos, aber nicht funktionslos geworden. Mit dem Label postmoderner Freizügigkeit «anything goes», alles ist möglich, alles erlaubt, läßt sich auch die Unterscheidung zwischen Kunst und Kulturindustrie unterlaufen.

Sie ist längst hinfällig geworden.

«Je fester die Positionen der Kulturindustrie werden, um so summarischer kann sie mit dem Bedürfnis der Konsumenten verfahren, es produzieren, steuern, disziplinieren, selbst das Amüsement einziehen: dem kulturellen Fortschritt sind da keine Schranken gesetzt. Aber die Tendenz dazu ist dem Prinzip des Amüsements, als einem bürgerlich-aufgeklärten, selbst immanent. War das Amüsementbedürfnis weithin von der Industrie hervorgebracht, die den Massen das Werk durch das Sujet, den Öldruck durch den abgebildeten Pudding anpries, so ist dem Amüsement immer schon das geschäftlich Angedrehte anzumerken, der sales talk, die Stimme des Marktschreiers vom Jahrmarkt. Die ursprüngliche Affinität aber vom Geschäft und Amüsement zeigt sich in dessen eigenem Sinn: der Apologie der Gesellschaft. Vergnügtsein heißt Einverstandensein. (...) Vergnügen heißt allemal: nicht daran denken müssen, das Leiden vergessen, noch wo es gezeigt wird. Ohnmacht liegt ihm zu Grunde.» (Horkheimer/Adorno: «Dialektik der Aufklärung»)

Für den SPIEGEL geschrieben: eine kleine Literaturgeschichte, komplettiert, wie es scheinen muß, durch eine große Verlustanzeige.

Die Moderne, der ich all meine Orientierung verdanke, ist erodiert. Die Generation der Koeppen & Kollegen ist abgetreten, die Verbindung, für die sie einstand, zwischen avancierten literarischen Verfahrensweisen und gesellschaftlichem Engagement hat sich aufgelöst.

Literatur und Literaturkritik können die Freiheiten, die ihnen (soll man sagen?) zugefallen sind, kaum mehr nutzen, weil der Zug der Zeit zur Unterhaltung geht.

In dem Maße, in dem Literatur womöglich an Bedeutung verliert, gewinnt das sogenannte ‹literarische Leben› an Bedeutung dazu. Der gegenwärtige Literaturbetrieb läßt seine Mitarbeiter nicht darben. Auch wenn unsere Autoren nicht mehr im Dienst der Öffentlichkeit stehen, so werden sie doch von der ‹öffentlichen Hand› ganz gut bedient. Die wenigsten Schriftsteller leben von den Büchern, die sie schreiben. Warum auch? Der Wanderzirkus, den unser Literaturbetrieb eingerichtet hat, mit all den Lesungen und Diskussionen, den Kongressen und Präsentationen, wirft weit mehr ab. Und der Autor, der seine Erfahrungen einer Lesereise zu einem Buch verarbeitet, das er auf der nächsten Lesereise präsentiert, ist längst kein Einzelfall mehr. Damit hat sich – vielleicht paradox, vielleicht überraschend, in jedem Fall vollständig – verwirklicht, was sich die Moderne als Ziel und Anspruch auf ihr Banner geschrieben hatte: Kunst als Selbstzweck, die zum Modell des Lebens wird.

Die unterdessen konstatierte Tendenz «zur Ästhetisierung der Lebenswelt» kommt solchen Bemühungen gleichsam von der anderen Seite her entgegen. Ob das gut so ist? Wer weiß?

«Wer Programme aufstellt, ist verloren» – schrieb, womöglich programmatisch, der in Frankfurt am Main lebende Schriftsteller Wilhelm Genazino in einem «Kryptogramm» mit dem Titel «Langsam abfließendes Wasser». Daß Sargdeckel von der Seite des Verbrauchers her gesehen schmucklos sind, hatte ich bereits gesagt. Oder?

«Da besteht die Pflicht zur deutlichen Ablehnung»

Ein Gespräch mit Hellmuth Karasek

LÜDKE: Herr Karasek, wie steht es eigentlich mit Ihrem Verhältnis zur Macht. Im SPIEGEL schreiben, das bedeutet doch auch, Macht auszuüben.

KARASEK: Ja. Aber diese Macht bedeutet, und das meine ich ernst, zugleich auch Ohnmacht, und zwar deshalb, weil sie ein erhöhtes Maß an Verantwortung verlangt. Dort, wo es an die Existenz des Besprochenen geht, besteht die Verpflichtung, vorsichtiger zu schreiben.

LÜDKE: Das will vielleicht niemand, die vernichtende Kritik. Auf der anderen Seite besteht doch so etwas wie die Verpflichtung, die Wahrheit zu schreiben, und in Organen wie dem SPIEGEL verstärkt sich zudem die Neigung, ein bißchen auf den Effekt zu achten.

KARASEK: Das ist sicher richtig. Doch jede Kritik, eigentlich jeder Zeitungsartikel sollte auch einen Selbstwert haben; es sollte Vergnügen machen, ihn zu lesen. Eines der Vergnügen, am leichtesten zu haben, am weitesten verbreitet, ist die Schadenfreude. Das merkt man schon, wenn auf der Straße zwei Autos zusammenstoßen. Die Leute stürzen ans Fenster, um dann mit einem leichten Bedauern festzustellen, daß eigentlich doch nichts passiert ist. So reagieren sicher auch Zeitungsleser. Sie lesen einen Verriß und sagen sich, da ist Gott sei Dank etwas zusammengestoßen. Nur muß man aufpassen, daß die Schadenfreude, die man erweckt, nicht den Nutzen übersteigt, den man bei Lesern und Autor auch erwecken kann, die Erkenntnis nämlich, weshalb ein Schaden entstanden ist, vielleicht entstehen mußte. Ich kann Ihnen ehrlich sagen, ich hatte zum Beispiel keinerlei Skrupel von wegen Machtmißbrauch, als ich das letzte Buch von Syberberg besprochen habe. Gegenüber einem so verschwiemelten Buch in einer so verschwiemelten Atmosphäre besteht fast die Pflicht zur deutlichen Ablehnung.

LÜDKE: Weil Sie dem Buch auf der gleichen Ebene begegnet sind, auf der es selber dahergekommen ist. Es gibt doch nun wirklich andere Fälle, in denen es einem Autor an die Nieren geht.

KARASEK: Der Kulturbetrieb ist ja gar nicht so sadistisch, wie die Leute oft annehmen. Wenn Sie einmal sich selber, wenn Sie unsere Kollegen befragen, dann werden Sie schnell feststellen, daß die meisten dazu neigen, schlechte Bücher erst gar nicht zu besprechen. Wir wollen doch am liebsten sagen: «Leute, kauft dieses Buch, es lohnt sich», wir wollen doch die Leute zum Lesen bringen. Ausnahmen sind einige prominente Autoren, vor allem dann, wenn sie scheitern. Zum Beispiel, wenn Günter Grass einen Roman geschrieben hat, der auf erstaunliche Weise mißlungen ist. Grass gehört doch längst zum Allgemeinbesitz des deutschen Bildungsbürgers, und deshalb hat unser Leser einen Anspruch darauf zu erfahren, weshalb das neue Buch seinem eigenen Maßstab nicht genügt. Und so ein gefestigter Autor ist im Ernst doch nicht durch eine Kritik zu gefährden.

LÜDKE: Zu gefährden wohl nicht. Ich habe es aber immer mit großem Erstaunen wahrgenommen, daß selbst solche Autoren wie Günter Grass oder Martin Walser, Heinrich Böll, wahrlich große Namen, ganz klein nach Hause gelaufen sind, wenn sie eine entsprechend scharfe Kritik gefunden haben. Die trifft es offenbar genauso, wie es den kleinen, den jungen, noch unbekannten Autor trifft. Vielleicht trifft es die sogar noch mehr, weil gerade der große Name zur überscharfen Kritik reizt.

KARASEK: Sicher hat jeder Autor, ja jeder Mensch das Gefühl, wenn er einmal ins Rutschen gekommen ist, auf der schiefen Ebene keinen Halt mehr zu finden.

Ich glaube aber, daß es unser Beruf ist, Leser zu informieren. Ich verstehe mich dabei als eine Art Vorkoster. Leute, die den SPIEGEL kaufen, dürfen damit rechnen, auf ein ähnlich gestimmtes Urteil zu treffen, wie sie es selbst getroffen hätten nach der Lektüre des Buches. Der Kritiker entdeckt ja nicht, wie ein Buch zu beurteilen ist. Der Kritiker formuliert, was eine gesellschaftliche Gruppierung über ein Buch denkt, er formuliert es vielleicht etwas besser als ein anderer

Leser. So formuliert auch der Theaterkritiker solidarisch die Empfindungen der Zuschauer. Das kann die Mehrheit sein, die klatscht, das kann die Minderheit sein, die buht. Aber ganz außerhalb des Publikums wird er nie stehen. Das einzige, was ihn vom Publikum unterscheidet, ist die Tatsache, daß er das Gemeinschafts-, das Solidaritätsgefühl, das ein Theaterabend hervorruft, formuliert und dafür auch einen öffentlichen Ausdruck findet, Zeilen, Seiten, Sendeminuten.

LÜDKE: Was Sie da jetzt sagen, erinnert mich an Enzensbergers SPIEGEL-Beschreibung schon in den fünfziger Jahren, «Die Sprache des Spiegel». Damals hat es offenbar eine Art ‹Spiegelphilosophie› gegeben, die Enzensberger dann zitierte. Der Spiegelredakteur als vox populi, als Sprachrohr des Volkes. Was aber auch heißen sollte, daß der SPIEGEL verdummt.

KARASEK: Ich weiß nicht, wenn man sich die Entstehung der bürgerlichen Öffentlichkeit, damit auch die Entstehung der bürgerlichen Literaturkritik vor Augen hält, dann war doch der Kritiker immer das Sprachrohr einer bestimmten gesellschaftlichen Gruppe. Im Idealfall ist der Kritiker mit einer neuen Kunstrichtung liiert, engagiert sich entsprechend und artikuliert für das Publikum das neue, das avantgardistische Programm. Wenn ich mich übrigens richtig erinnere, hat Enzensberger, kurz nachdem er diesen Aufsatz veröffentlicht hatte, ein Jahr lang bei uns eine Buchkolumne geschrieben, übrigens glänzend geschrieben, genau so «dumm» und «klug» wie die Spiegelleser.

LÜDKE: Das stimmt sicherlich. Aber wenn Sie schon auf die Geschichte der Kritik zurückgehen, dann sollten Sie auch die Entwicklung, die es gegeben hat, berücksichtigen. Ich fürchte, wenn man Enzensbergers Kritik heute wieder liest, staubt es. Es sind immerhin fünfundzwanzig Jahre vergangen. In dieser Zeit ist, vermute ich, die Verpflichtung der Kritik auf ihren Gegenstand zugunsten einer Tendenz der Unterhaltsamkeit zurückgetreten. Kultur ist doch heute stärker als je zuvor auf Unterhaltsamkeit verwiesen.

KARASEK: Sicher, was damals vielleicht verstärkt für den SPIEGEL galt, gilt heute für die anderen Medien ebenso. Sie haben ja im Fernsehen auch damit zu tun. Wenn Sie Literatur im Fernsehen vermitteln wollen, müssen Sie es unterhaltsam machen. Im SPIEGEL bringen wir sonst die Leute zum Weiterblättern, im Fernsehen bringen Sie die Leute zum Umschalten.

Nur nähern wir uns hier einer sehr deutschen Crux. Der angelsächsische Journalismus hat sich über die Unterscheidung zwischen Unterhaltsamkeit und kritischer Wirkung nie Sorgen gemacht. Nehmen Sie zum Beispiel Mencken in den USA, nehmen Sie Shaw in England. Glänzende Feuilletons, glänzende Pointen, die ihren Gegenstand ganz und gar nicht verraten. Von ganz wenigen Ausnahmen abgesehen, in England und in den USA hat es doch diese scharfe Trennung zwischen Entertainment und Kunst nie gegeben. Somerset Maugham, Graham Greene, Noel Coward, Oscar Wilde, da kämen Sie nie auf die Idee zu fragen, wohin der eine, wohin der andere gehört.

LÜDKE: Richtig. Aber ich möchte trotzdem nicht ausschließen, daß paradoxerweise in Deutschland diese Unterscheidung besser zu begründen, eher berechtigt ist. Wenn man etwa an Autoren wie Konsalik denkt, das ist doch in diesem schlechten Sinne Unterhaltungsliteratur. Bellow, Updike, Philip Roth dagegen, Amerikaner also, die gut, die unterhaltsam, leicht und locker erzählen, machen es leicht, eine solche Unterscheidung beiseite zu lassen. Bei uns gibt es solche ernsthaft unterhaltsamen Bücher doch nur in Ausnahmefällen.

KARASEK: Das ist wahr. Es ist merkwürdig, eine ganze Reihe von amerikanischen Autoren, Cane, Chandler, Hammett, sind aus ganz billigen Magazinen hervorgegangen. Inzwischen weiß man, daß sie zur ganz großen realistischen Literatur dieses Jahrhunderts zu rechnen sind. Ich hatte Mencken schon erwähnt, der zum Beispiel einen Autor wie Cane durchgesetzt hat, aber auch für Faulkner, Hemingway eintrat und da keinen Unterschied machte. Die Kritik schafft die Literatur mit, die sie verdient. Aber vielleicht haben wir in Deutschland auch eine miserable Unterhaltungsliteratur, mit nur wenigen guten Ausnahmen, solchen Ausbruchsversuchen wie der des leider verstorbenen Jörg Fauser etwa, zum Teil auch Simmel. Mit Konsalik haben Sie ein besonders schlimmes Beispiel erwischt...

LÜDKE: Aber einen der Erfolgreichsten...

KARASEK: Auch in den angelsächsischen Literaturen gibt es natürlich diesen breitgestreuten Dreck.

LÜDKE: Sie sagten eben, daß die Kritik ein Stück weit mit schuld daran ist. Wie ist denn dann die ‹Schuld› des SPIEGEL einzuschätzen? Denn der SPIEGEL ist ja sicher eines der wirksamsten Organe für die Literaturkritik. Selbst die FAZ ist dagegen noch regional begrenzt, wird zum Beispiel in München kaum gelesen, während eine SPIEGEL-Kritik praktisch ‹alle› erreicht.

KARASAK: Ich möchte als einer, der sich seit achtzehn Jahren um die SPIEGEL-Kultur mit gekümmert hat, zunächst einmal sagen, daß in unser Selbstverständnis auch eine gewisse Selbstbescheidung mit eingegangen ist. Wir haben, von wenigen – begründeten – Ausnahmen abgesehen, vor allem eine Literatur mit Breitenwirkung wahrgenommen und rezensiert. Sie werden bei uns nicht die Rezension des Gedichtbandes finden, weil das bei einem Organ mit einer Million Auflage, weil das für Leser, die auf schnelle Information aus sind, nicht das Richtige ist. Wer sich für Lyrik interessiert, tut in der Regel gut daran, sich auch noch eine andere Zeitung zu halten. Wir wollen mit unserer Literaturkritik die Argumente, den Gesprächsstoff über solche Bücher liefern, für die sich die Mehrheit unserer Leser interessiert. Das kann man uns vielleicht vorwerfen, aber man muß zur Kenntnis nehmen, daß wir damit bewußt eine gewisse Beschränkung üben.

LÜDKE: Ausnahmen machen Sie schon. Ich durfte zum Beispiel vor einigen Jahren über Einar Schleefs «Gertrud» schreiben, und ich vermute, daß die Auflage dieses Buches, trotz SPIEGEL-Kritik, nicht viel über tausend Stück hinausgekommen ist. Also Ausnahmen gibt es, wenige. Aber es gibt überhaupt wenig Kritiken. Nicht in jeder Ausgabe ist eine Buchkritik, das heißt, es stehen maximal fünfzig überhaupt zur Verfügung.

KARASEK: Ja, aber noch eine ganze Reihe von Kurzkritiken und dazu Bücher, die in Geschichten und «Szene» behandelt werden... Also, wir kommen auf 150 Bücher im Jahr, wenn man berücksichtigt, daß über eine Reihe von Büchern Geschichten gemacht werden, in letzter Zeit zum Beispiel das Duell, anläßlich von Ute Freverts Buch, den «Harem», im Zusammenhang der Auseinandersetzung mit der islamischen Welt, oder auch im Fall von Virginia Woolf, in dem sich durch ein neues Buch ihre Lebensgeschichte noch einmal erzählen läßt. Oder im Fall von Filmen, Filmregisseuren, das hat ja alles auch mit Literatur zu tun.

LÜDKE: Wie entsteht denn da das Programm des SPIEGEL? Wie kommen denn die 150 Bücher in den SPIEGEL hinein? Wird in Redaktionssitzungen gemeinsam darüber entschieden? Entscheiden Sie darüber?

KARASEK: Es wird in der Regel in Sitzungen darüber gesprochen. Wir machen etwa jedes Vierteljahr eine kleine Konferenz, in der wir die wichtigsten Bücher aussuchen. Und das funktioniert dann schon auf die übliche Weise: teilweise hat man das Vertrauen zu Verlagsleuten, die einem sagen, «paß auf, das wird ein wirklich interessantes Buch», und da kann man sich dann darauf verlassen. Teilweise rufen Mitarbeiter an, wie Sie es gemacht haben, und sagen: «Ich habe da eine spannende Geschichte.» Dann sagen wir: «Den Autor hatten wir gerade und möchten ihn nicht schon wieder machen», oder wir sagen: «Machen Sie es.» Ein bißchen Willkür, ein bißchen Zufall ist auch dabei, doch zunächst wird versucht, die Produktion auf die wichtigsten Bücher durchzuforsten, und wenn man lange genug in diesem Gewerbe ist, dann bekommt man einen gewissen Blick dafür, der sich immer weiter schärft, im Gespräch mit Kollegen auch korrigieren läßt.
LÜDKE: Heißt das: alles Routine? So, wie es seit Jahren läuft, wird es auch noch Jahre weiterlaufen? Ich könnte mir vorstellen, daß es auch Überlegungen gibt, auf diese, vielleicht etwas überholten Formen des Mitspielens im Literaturbetrieb zu verzichten, statt dessen mit neuen Methoden, anderen Mitteln, mit einem anderen Denken heranzugehen und zum Beispiel, wie es wiederum Enzensberger einmal nahegelegt hat, auf die Rezension überhaupt zu verzichten.
KARASEK: Ich glaube, selbst solche flott aussehenden Zeitungen wie der SPIEGEL sind in Wahrheit viel konservativer, als es nach außen hin scheint. Es wird zwar immer mal wieder davon gesprochen, daß man etwas ändern müßte, aber eine der Standardantworten solcher Unternehmen ist: «Never change a winning horse.» Solange etwas gutgeht, muß man nichts ändern, und die Änderungen, auf die Sie anspielen, vollziehen sich schleichend, sukzessiv. Sie vollziehen sich, indem sich eine Redaktion langsam verändert, von unten nach oben, altersmäßig gesehen. Alte Leute gehen in Pension, von den Universitäten, anderen Zeitungen kommen junge. Daß sich nicht zuviel auf einmal ändert, dafür garantieren die Redakteure am oberen Ende, die allzu heftige Änderungen wegredigieren oder schon wegdiskutieren.
LÜDKE: Es gibt doch vermutlich auch beim SPIEGEL die Tendenz zur Überalterung des Publikums, das Generation für Generation mitwächst und im ganzen darum immer älter wird. Das typische Kultur-

Publikum des Fernsehens ist zwischen vierzig und siebzig Jahre alt, die Jüngeren interessieren sich allenfalls am Rande für Kultur. Ich könnte mir vorstellen, daß die Generationen, die mit dem SPIEGEL als Ersatzopposition aufgewachsen sind, nun auch langsam in die Jahre kommen. Wächst denn da ein jüngeres Publikum nach?
KARASEK: Unsere Leserschaft ist nur unmerklich älter geworden. Verlag und Redaktion reagieren hier sehr sensibel. In den letzten zehn Jahren hat sich das Durchschnittsalter um zwei Jahre nach oben verschoben, und das kann so weitergehen. Deshalb gab es heftige Bestrebungen, hier einzugreifen. Ein konkretes Beispiel: wir haben ein drittes Kulturressort eingeführt, mit dem inoffiziellen, dem internen Titel «Zeitgeist». Das war der Versuch, die neuen Jugendzeitschriften und ihren Kulturbegriff bei uns zu integrieren.
LÜDKE: War das ein erfolgreiches Konzept?
KARASEK: Alle erfolgreichen Konzepte, ich wage die paradoxe Behauptung, gehen anders aus, als die Intentionen, die sie in Gang gesetzt haben, vermuten lassen. Das heißt: es ist etwas anderes daraus geworden; es hat sich sehr schnell in den SPIEGEL integriert. Aber es sind dadurch auch einige Leute zum SPIEGEL gekommen, die eine ganze Reihe von neuen Themen und, was noch wichtiger ist, von neuen Perspektiven auf alte Themen mitgebracht haben. Es gibt jetzt eine Reihe von Redakteuren und Mitarbeitern, die in einer Art schreiben, die noch vor fünf oder sechs Jahren unvorstellbar gewesen wäre.
LÜDKE: Kann man das auch so deuten, daß jetzt häufiger der Effekt den Gegenstand ersetzt bzw. verdrängt? Bei einigen dieser Artikel ist das mein Eindruck. Will der gute alte schöne Roman nicht auch auf die herkömmliche Weise beschrieben werden?
KARASEK: Weiß ich nicht. Manchmal kann es doch interessant sein – die neue Konstellation, sei es, daß ein neues Effektbuch von einem traditionalistischen Kritiker besprochen wird und umgekehrt der große traditionelle Roman von einem Kritiker der jungen Generation.
LÜDKE: Ist das nicht eher eine konservative Methode? So hat doch der SPIEGEL schon immer agiert. Peter Weiss schreibt die Geschichte des Exils, und der SPIEGEL verpflichtet dazu Herbert Wehner. Niki Lauda über Peter Handke, es interessiert vor allem die Überraschung, gleich, was sie einbringt; die ungewöhnliche Perspek-

tive des Politikers auf einen Roman, schon deshalb, weil der Politiker noch nie einen Roman zu Ende gelesen hat. Hat sich denn da etwas geändert?

KARASEK: Nein, da hat sich nichts geändert, außer der Tatsache, daß sich die Leute und die Themen verändert haben. Wir arbeiten im Kulturteil mit neuen, jüngeren Leuten, und wir haben einige ihrer Anregungen aufgenommen. Wir haben zum Beispiel über die Kunst eines neuen Layouts, über die neue Präsentation von Zeitschriften zum ersten Mal berichtet. Wir haben ganz andere Formen in unsere Wahrnehmung aufgenommen. Dafür einige überholte Formen über Bord geworfen. Aber natürlich werden die meisten Bücher in den meisten Zeitungen und auch in den meisten Radio- und Fernsehsendungen noch immer so besprochen wie sie vor hundert Jahren besprochen worden sind.

LÜDKE: Auch im SPIEGEL?

KARASEK: Auch im SPIEGEL.

LÜDKE: Ich sehe eine Tendenz, den Effekt, die vordergründige Wirkung immer mehr in den Vordergrund zu stellen, und zwar vor allem bei jüngeren Autoren, die sich offenbar gezwungen fühlen, sich mit solchen Mitteln zu profilieren. Das hat, denke ich, zugenommen in den letzten Jahren.

KARASEK: Wenn Sie meinen, daß es eine Entwicklung gibt vom Inhalt zur Äußerlichkeit, von der Sache zum Effekt, so würde ich Ihnen das für den Moment gerne bestätigen. Ich würde nur davor warnen, hier eine Entwicklung zum Schlechteren zu sehen. Es handelt sich eher um eine Wellenbewegung. Es gab schon immer in der Kultur auch Zeiten des Effekts, der äußerlichen Wirkung. Und das waren übrigens nicht immer die schlechtesten Zeiten. Ich vermute, daß auch Kultur der Bewegung von Sättigung und Neugier folgt. Wenn eine Zeit zu viele Ornamente hat, so schlägt sie alle Kanten glatt, und wenn alle Ornamente abgeschlagen sind, dann sagt man: «Wo sind denn die schönen Ornamente geblieben?» So bringt man sie postmodern wieder an. Das geschieht bei vielen Sachen. Wenn man einige Zeit das Gemüse nur knackig gekocht hat, vermanscht man es wieder zu Pürée und wenn man einige Zeit nur auf Effekte geachtet hat, dann will man eine Kultur haben, die sich organisch von innen heraus, ohne auf Wirkung zu achten, entwickelt. Das ist eine andauernde Wellenbewegung, die mit unserer ständig unruhigen Neugier zusammenhängt.

LÜDKE: Ein Kulturpessimist sind Sie offenbar nicht.
KARASEK: Nein. Schauen Sie, ich will Ihnen ein simples, dafür schlagendes Beispiel nennen. Man hat einmal gedacht, da gibt es dieses Amerika – mit Leuten, die kaum lesen können, mit den vielen Einwanderern, die keine Porzellansammlung, keine Schlösser mitgebracht haben, keine Familientradition und keine Bibliotheken. Und dann haben die auch diese schäbigen Häuser gebaut, in denen sie – statt Theater zu spielen – etwas über die Leinwand flimmern lassen.
Wenn Sie sich nun ansehen, was zwischen 1920 und 1950 in Hollywood auf der Leinwand passiert ist, dann ist es sicher nicht übertrieben zu sagen, daß es sich um einen der wesentlichen Kulturbeiträge unseres Jahrhunderts handelt. Was sich in den Filmen von Lubitsch und Chaplin manifestiert, ist wohl genauso wichtig wie das Drama des Sturm und Drang. Diese Ausdrucksform braucht sich also vor anderen Formen der Kultur nicht zu verstecken.
Und wenn ich mir überlege, wie so etwas entsteht, vielleicht wird man in fünfzig Jahren von ganz anderen Erscheinungen reden, die wir heute noch gar nicht bemerkt haben.
LÜDKE: Herr Karasek, Sie gestatten mir jetzt hoffentlich den Ausdruck «Vielen Dank für dieses Gespräch».
KARASEK: Aber gerne.

Nachweise

Neunzehn Kritiken habe ich in den achtziger Jahren für den SPIEGEL geschrieben. Dreizehn davon wurden vom SPIEGEL gedruckt und werden im folgenden entsprechend ausgewiesen. Sechs Kritiken wurden aus unterschiedlichen Gründen, teils zu lang, im Fall Nabokov, teils «zu triefig», im Fall Singer, teils aus mir unbekannten Gründen, nicht veröffentlicht. Diese Arbeiten sind hier in der Fassung gedruckt, die ich für den SPIEGEL erstellt hatte,und mit dem Datum der Manuskriptabgabe verzeichnet. Das Gespräch mit Hellmuth Karasek wurde am 2. Mai 1991 in Hamburg geführt. Der Aufsatz «Für den SPIEGEL geschrieben» ist in der vorliegenden Fassung unveröffentlicht, er greift auf weitgehend unveröffentlichte Materialien aus den letzten Jahren zurück.

1 Lars Gustafsson: «Sprache und Lüge»; DER SPIEGEL, Nr. 5, 1981
2 Wolfgang Koeppen: «Die elenden Skribenten»; DER SPIEGEL, Nr. 50, 1981
3 Philip Roth: «Zuckermans Befreiung»; DER SPIEGEL, Nr. 23, 1982
4 Jurek Becker: «Aller Welt Freund»; DER SPIEGEL, Nr. 39, 1982
5 Isaac B. Singer: «Verloren in Amerika»; 2. 5. 1983
6 Italo Calvino: «Wenn ein Reisender in einer Winternacht»; DER SPIEGEL, Nr. 44, 1983

7 Marlen Haushofer: «Die Wand» u. a.; 13.2.1984
8 Einar Schleef: «Gertrud»; DER SPIEGEL, Nr. 9, 1985
9 Wolfgang Hilbig: «Der Brief»; DER SPIEGEL, Nr. 28, 1985
10 Vladimir Nabokov: «Die Kunst des Lesens»; 4.9.1985
11 Milan Kundera: «Das Buch der lächerlichen Liebe»; DER SPIEGEL, Nr. 25, 1986
12 Hermann Broch; DER SPIEGEL, Nr. 44, 1986
13 Peter Handke: «Nachmittag eines Schriftstellers»; DER SPIEGEL, Nr. 17, 1987
14 Libuše Moníková: «Die Fassade»; DER SPIEGEL, Nr. 41, 1987
15 Bohumil Hrabal: «Ich habe den englischen König bedient»; DER SPIEGEL, Nr. 17, 1988
16 Otto F. Walter: «Zeit des Fasans»; 16.9.1988
17 Andrzej Szcypiorski: «Eine Messe für die Stadt Arras»; 4.12.1988
18 Tommaso Landolfi: «Mailand gibt es nicht», «Nachtschatten»; DER SPIEGEL, Nr. 25, 1989
19 Witold Gombrowicz: «Die Besessenen»; 3.7.1989

Nicolas Born

«Der Mensch ist das Tier, das nichts lernt. Es gibt keinen Sinn für das unbeschreibliche, begrifflose Leiden der Menschen», sagte **Nicolas Born** in seiner Dankrede für den Bremer Literaturpreis 1977. Und doch war er kein Schriftsteller der Apokalypse. Er besaß ein sicheres Gefühl für die Reinheit der Form, für die Kunst des Schreibens. Wenige Tage vor Borns Tod gab Christoph Meckel den Rilke-Preis an ihn weiter und rühmte seine «atmende, echte Antwort auf alles, was falsch, fatal und halbwertig ist». Nicolas Born starb mit 41 Jahren 1979 in Hamburg.

Die erdabgewandte Seite der Geschichte *Roman*
(rororo 4370)
Es ist eine Geschichte der total gewordenen Unsicherheit und sogar des Zweifels an den besten menschlichen Substanzen, nämlich der Gefühle, Gedanken und der Fähigkeit zur Vernunft – «ein literarisches Ereignis» (Marcel Reich-Ranicki).

Die Fälschung *Roman*
(rororo 5291 und als gebundene Ausgabe)
«Dieser Roman vermittelt, was in der deutschen Literatur selten geworden ist, ein spannendes Stück Zeitgeschichte. Ein Kriegsberichterstatter wird von einer Hamburger Zeitung nach Beirut entsandt. Born beschreibt das Auseinanderklaffen von Bericht und Fakten, von Wörtern und Wirklichkeit. Die journalistischen Missionen ekeln Georg Laschen an. In seinen

rororo Literatur

Aufzeichnungen, so empfindet er, verkommt das Entsetzliche des Kriegs zum ‹Normalbetrieb›...» Frankfurter Allgemeine Zeitung

Täterskizzen *Erzählungen*
(rororo 5971 und als gebundene Ausgabe)
Der Bogen seiner vorliegenden Erzählungen spannt sich von der Aufbruchstimmung der sechziger Jahre bis zu den Bedrohungen des Atom- und Überwachungsstaates. «Seine Gesellschaftskritik ist vernichtend, wohl eben weil sie sich nicht als solche präsentiert.» Neue Zürcher Zeitung

Im Rowohlt Verlag sind außerdem erschienen:

Gedichte 1967 – 1978
240 Seiten. Gebunden.

Die Welt der Maschine *Aufsätze und Reden*
224 Seiten. Broschiert.

F. C. Delius

«**Friedrich Christian Delius** kommt aus einer aufklärerischen Tradition, die von Heine bis Brecht reicht. Ironie, Satire, kritische Reflexion sind seine Mittel.» Der Spiegel
Geboren in Rom, aufgewachsen in Hessen, hat F.C.Delius in den sechziger Jahren als Lyriker begonnen. Seine Gedichte waren kritische Lesarten der Wirklichkeit, «Para-Phrasen» einer Sprache der Herrschenden. Weithin bekannt wurde er mit seiner Anti-Festschrift «Unsere Siemenswelt».

Adenauerplatz *Roman*
(rororo 5837 und als gebundene Ausgabe)
Der Deutsch-Chilene Felipe Gerlach lebt als politischer Flüchtling in der Bundesrepublik und arbeitet dort rund um den Adenauerplatz als Nachtwächter – ein vielschichtiger Großstadtroman und ein Plädoyer für politische Moral.

Ein Held der inneren Sicherheit
Roman
(rororo 5469)
Roland Diehl, Ghostwriter und Nachwuchs-Ideologe im Verband der Menschenführer, erlebt eine totale Verunsicherung, als sein Chef entführt wird. «Ein Modell Deutschland von eindrucksvoller neurotischer Unwirtlichkeit.» Der Spiegel

Kerbholz *Gedichte*
(rororo 5073)
«Unbekümmert Klassik aufnehmend, persiflierend, verändernd, Persönliches, Literarisches, Politisches zur Diskussion stellend, bestätigen die Gedichte einmal mehr die Begabung des Autors.» Frankfurter Allgemeine Zeitung

rororo Literatur

Mogadischu Fensterplatz *Roman*
(rororo 12679 und als gebundene Ausgabe)
Ein Roman über die Entführung und Befreiung der Lufthansa-Maschine «Landshut», geschrieben aus der Perspektive einer Frau, die Opfer des Terrorismus wurde. «... ein Roman, der zumindest indirekt immer wieder an Heinrich Mann denken läßt.» Süddeutsche Zeitung

Konservativ in 30 Tagen *Ein Hand- und Wörterbuch Frankfurter Allgemeinplätze*
(rororo sachbuch 8895)

Im Rowohlt Verlag sind außerdem erschienen:

Die Birnen von Ribbeck
Erzählung
72 Seiten. Pappband.

Japanische Rolltreppen *Tanka-Gedichte*
72 Seiten. Pappband.

3214/1

Wilhelm Genazino

«**Wilhelm Genazino** ist ein Meister beim Registrieren der Verkleidungen und Verschiebungen, die in unserem Bewußtsein unablässig vor sich gehen. Seine Sprache oszilliert zwischen Erinnerung und Wünschen, zwischen alltäglicher Beobachtung und ihren Verdichtungen in tagtraumartigen, hyperrealistischen Zeitlupen.»
Neue Zürcher Zeitung
1989 wurde Wilhelm Genazino mit dem Bremer Literaturpreis ausgezeichnet.

Abschaffel *Eine Trilogie*
(rororo 5542)
«Genazino interessiert weniger das Büro-Ambiente, sondern mehr die Innenwelt seines Angestellten Abschaffel, mit ihren kompensierenden Tagträumen, ihren hypertrophen Selbstbeobachtungen, ihren Wunschwünschen, wie es einmal heißt.»
Norddeutscher Rundfunk

Die Ausschweifung *Roman*
(rororo 5503)
Eckhard Fuchs akzeptiert die Verhältnisse so wie sind und versucht, sich darin einzurichten – und muß hilflos zusehen, wie ihm das Leben davonschwimmt.

Fremde Kämpfe *Roman*
(rororo 12292 und als gebundene Ausgabe)
Die Gegenwart: Arbeitslosigkeit, Existenzangst. Wolf Peschek will nicht mit dem Gesicht an der Wand landen und ahmt die «fremden Kämpfe» nach.

rororo Literatur

Im Rowohlt Verlag sind außerdem lieferbar:

Der Fleck, die Jacke, die Zimmer, der Schmerz *Roman*
232 Seiten. Gebunden.
Das Mosaik einer Gesellschaft, das quer zum veröffentlichten Bild steht, und auch eine (ironische) Parabel über den Zustand der Kunst heute.

Die Liebe zur Einfalt *Roman*
168 Seiten. Gebunden.
Wilhelm Genazino nimmt den Tod der Eltern zum Anlaß für eine umfassende Erkundung. Er erzählt mit wachsendem Verständnis deren vergebliche Anstrengung, aus der Enge der fünfziger Jahre in die Großartigkeit eines selbstbestimmten Daseins zu fliehen.
«... ein kluges, nachdenkliches Buch, faszinierend durch die Genauigkeit der mitgeteilten Beobachtungen, lesenswert allein schon wegen der kunstvollen Verschrobenheit seiner Betrachtungen.»
Süddeutsche Zeitung

3227/1

Alfred Polgar

«Er erzählte vom Theater, und er rezensierte den Alltag», schrieb Marcel Reich-Ranicki über **Alfred Polgar** (1873 – 1955).
In Wien, seiner Geburtsstadt, war er viele Jahre als Feuilletonredakteur tätig. 1925 zog er nach Berlin und schrieb für die «Weltbühne» und das «Tagebuch» Theater-Kritiken, die durch sprachliche Virtuosität und funkelnden Witz brillierten.
Aus Nazi-Deutschland emigrierte Alfred Polgar zuerst nach Österreich, dann in die USA. Er starb 1955 in Zürich.

Im Lauf der Zeit *Prosastücke*
(rororo 107)
Diese «kurzen Dichtungen in Prosa ... menschlich, geistig, schriftstellerisch vom ersten Rang» (Oskar Loerke) entzücken immer wieder durch ihre sprachliche Meisterschaft und das Funkenspiel ihres Witzes.

Im Rowohlt Verlag sind von Alfred Polgar außerdem lieferbar:

Kleine Schriften
Herausgegeben von Marcel Reich-Ranicki
Band 1 Musterung
560 Seiten. Gebunden.

Band 2 Kreislauf
432 Seiten. Gebunden.

Band 3 Irrlicht
464 Seiten. Gebunden.

Band 4 Literatur
512 Seiten. Gebunden.

rororo Literatur

Band 5 Theater I
640 Seiten. Gebunden.

Band 6 Theater II
608 Seiten. Gebunden.

«Alfred Polgars Prosastücke haben in unserer Literatur Seltenheitswert. Es sind geistreiche Idyllen und scharfsinnige Stimmungsbilder, zarte Satiren und behutsame Pamphlete.»
Marcel Reich-Ranicki

3263/1

Fritz J. Raddatz

Zahlreiche literarische Essays sind von **Fritz J. Raddatz**, zweifellos einer der wichtigsten Literaturkritiker unserer Zeit und Herausgeber der Werke Kurt Tucholskys, bereits im Rowohlt Taschenbuch Verlag erschienen. Mit der Erzählung «Kuhauge» gab er sein Debüt als Schriftsteller.

Kuhauge *Erzählung*
(rororo 12550)
«Diese Erzählung ist ein sinnliches Erlebnis, vom ersten bis zum letzten Satz.»
Bonner Generalanzeiger

Geist und Macht *Essays 1*
(rororo sachbuch 8551)

Eros und Tod *Essays 2*
(rororo sachbuch 8550)

Revolte und Melancholie
Essays 3
(rororo sachbuch 8552)

Unterwegs *Literarische Reiseessays*
(rororo sachbuch 9103)

Zur deutschen Literatur der Zeit 1
Traditionen und Tendenzen
(rororo sachbuch 8447)

Zur deutschen Literatur der Zeit 2
Die Nachgeborenen
(rororo sachbuch 8448)

Zur deutschen Literatur der Zeit 3
Eine dritte deutsche Literatur
(rororo sachbuch 8449)

Heine *Ein deutsches Märchen*
(rororo sachbuch 8353)

Karl Marx *Der Mensch und seine Lehre*
(rororo sachbuch 8324)

Mohr an General *Marx und Engels in ihren Briefen*
(rororo 8325)

Im Rowohlt Verlag sind von Fritz J. Raddatz außerdem lieferbar:

Lügner von Beruf *Auf den Spuren William Faulkners*
128 Seiten. Gebunden.

Pyrenäenreise im Herbst *Auf den Spuren Kurt Tucholskys*
128 Seiten. Gebunden.

Die Wirklichkeit der tropischen Mythen *Auf den Spuren von Gabriel García Márquez in Kolumbien*
160 Seiten. Gebunden.

Tucholsky – Ein Pseudonym
Essay
160 Seiten. Gebunden.

Der Wolkentrinker *Roman*
240 Seiten. Gebunden.

Die Abtreibung *Roman*
256 Seiten. Gebunden.

rororo Literatur

3265/1

Peter Rühmkorf

«Ach, Rühmi, es lebe der Übermut, wenn er mit dem Mut zum Bekenntnis zusammengeht, wie so oft in Deinen Gedichten! Es lebe die Liebe, der Du bei uns mit Deinem rororo-Band *Außer der Liebe nichts* ein so schönes Denkmal errichtet hast. Leer waren *Die Jahre, die wir kennen,* die wir hinter uns gelassen haben, weiß Gott nicht, und wir jedenfalls haben sie trotz aller politischen Miseren zwar auch erlitten, aber doch zugleich genossen. *agar agar-zaurzaurim*! Hoch Bellmann und Brockes! Hoch Benn und Brecht, Hoch, lieber Dichter, auch Du!»
Heinrich Maria Ledig-Rowohlt an **Peter Rühmkorf** zu dessen 60. Geburtstag am 25. Oktober 1989.

Außer der Liebe nichts
Liebesgedichte
(rororo 5680)

Haltbar bis Ende 1999 *Gedichte*
(rororo 12115)

Der Hüter des Misthaufens
Aufgeklärte Märchen
(rororo 5841)

Die Jahre die Ihr kennt *Anfälle und Erinnerungen*
(rororo 5804)

Über das Volksvermögen
Exkurse in den literarischen Untergrund
(rororo 1180)

Strömungslehre I Poesie
(das neue buch 107)

rororo Literatur

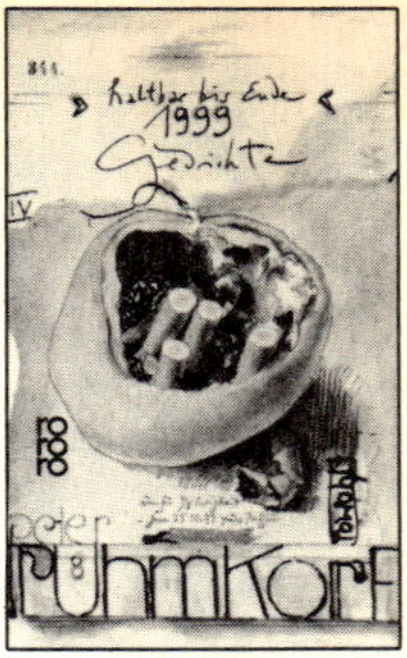

Im Rowohlt Verlag sind außerdem erschienen:

agar agar – zaurzaurim *Zur Naturgeschichte des Reims und der menschlichen Anklangsnerven. Mit Illustrationen von Peter Rühmkorf*
160 Seiten. Broschiert.

Bleib erschütterbar – und widersteh *Aufsätze – Reden – Selbstgespräche*
260 Seiten. Kartoniert.

Dreizehn deutsche Dichter
208 Seiten. Broschiert.

Einmalig wie wir alle *Gedichte*
168 Seiten. Broschiert.

Wer Lyrik schreibt, ist verrückt!
Gesammelte Gedichte
140 Seiten. Kartoniert.

Peter Rühmkorf / Michael Naura / Wolfgang Schlüter
Phönix voran! Mit Ton-Cassette
128 Seiten. Kartoniert.

Literatur für Kopf Hörer

Armin Müller-Stahl liest
Vladimir Nabokov
Der Zauberer
Deutsch von Dieter E. Zimmer
2 Tonbandcassetten im Schuber
(66005)

Walter Schmidinger liest
Italo Svevo
Zeno Cosini
Das Raucherkapitel
1 Tonbandcassette im Schuber
(66007)

Uwe Friedrichsen liest
Kurt Tucholsky
Schloß Gripsholm
3 Tonbandcassetten im Schuber
(66006)

Christian Brückner liest
John Updike
Der verwaiste Swimmingpool
Der verwaiste Swimmingpool,
Wie man Amerika gleichzeitig liebt und verläßt
Deutsch von Uwe Friesel und Monika Michieli.
1 Tonbandcassette im Schuber
(66004)

Christian Brückner liest
Jean-Paul Sartre
Die Kindheit eines Chefs
Deutsch von Uli Aumüller
3 Tonbandcassetten im Schuber
(66014)

Produziert von Bernd Liebner

Eine Auswahl

Rowohlt Cassetten

C 2321/3 a

Literatur für Kopf Hörer

«Es ist eines, ein Buch zu lesen. Es ist ein neues und recht andersartiges Erlebnis, es von einem verständigen Interpreten mit angenehmer Stimme vorgelesen zu bekommen.»
Rudolf Walter Leonhardt, DIE ZEIT

Erika Pluhar liest Simone de Beauvoir
Eine gebrochene Frau
2 Tonbandcassetten im Schuber
(66012)

Bruno Ganz liest Albert Camus
Der Fall
Deutsch von Guido Meister.
3 Tonbandcassetten im Schuber
(66000)

Elisabeth Trissenaar liest
Louise Erdrich
Liebeszauber
2 Tonbandcassetten im Schuber
(66013)

Erika Pluhar liest Elfriede Jelinek
Oh Wildnis, oh Schutz vor ihr
Keine Geschichte zum Erzählen
1 Tonbandcassette im Schuber
(66002)

Hans Michael Rehberg liest
Henry Miller
Lachen, Liebe, Nächte
Astrologisches Frikassee
2 Tonbandcassetten im Schuber
(66010)

Produziert von Bernd Liebner

Eine Auswahl

Rowohlt Cassetten

C 2321/3